ACCESO GRATIS *a la Lectura en la Nube*

Para visualizar el libro electrónico en la nube de lectura envíe junto a su nombre y apellidos una fotografía del código de barras situado en la contraportada del libro y otra del ticket de compra a la dirección:

ebooktirant@tirant.com

En un máximo de 72 horas laborales le enviaremos el código de acceso con sus instrucciones.

LA REPRESENTACIÓN POLÍTICA EN UN CONTEXTO CONSTITUCIONAL

LA REPRESENTACIÓN POLÍTICA EN UN CONTEXTO CONSTITUCIONAL

Coordinadores:
Carlos Salvador Rodríguez Camarena
Humberto Urquiza Martínez

tirant lo blanch
Ciudad de México, 2023

En caso de erratas y actualizaciones, la Editorial Tirant lo Blanch publicará la pertinente corrección en la página web www.tirant.com/mex/.

© TIRANT LO BLANCH
DISTRIBUYE: TIRANT LO BLANCH MÉXICO
Av Tamaulipas 150, Oficina 502
Hipódromo, Cuauhtémoc, 06100, Ciudad de México
Telf.: +52 15565502317
infomex@tirant.com
www.tirant.com/mex/
www.tirant.es
ISBN: 978-84-1197-576-6

Si tiene alguna queja o sugerencia, envíenos un mail a: *atencioncliente@tirant.com*. En caso de no ser atendida su sugerencia, por favor, lea en *www.tirant.net/index.php/empresa/politicas-de-empresa* nuestro procedimiento de quejas.

Responsabilidad Social Corporativa: http://www.tirant.net/Docs/RSCTirant.pdf

Índice

Presentación *11*
MTRA. VIRIDIANA VILLASEÑOR AGUIRRE

Prólogo *15*
CARLOS SALVADOR RODRÍGUEZ CAMARENA

Representación Política *31*
CARLOS SALVADOR RODRÍGUEZ CAMARENA

I. Introducción 31
II. Los componentes clave de la representación política 33
III. La realidad política y el concepto de representación política 42
IV. Evolución del concepto de representación política 46
V. Áreas de oportunidad de estudio 48
VI. Fuentes de Información 52

El Sistema representativo en Michoacán durante la República Federal 1824-1835 .... *55*
JAIME HERNÁNDEZ DÍAZ

I. Introducción 55
II. La adopción de la república federal y representativa 58
III. La ciudadanía 60
IV. Los ayuntamientos y el Congreso, piezas claves de la representación en la entidad 62
V. Las elecciones 69
VI. La reforma constitucional y la representación: 1830-1832 ... 75
VII. Conclusión 83
VIII. Fuentes de Información 84

La reconstrucción de la representación política. Una visión desde los derechos fundamentales ... *87*

Humberto Urquiza Martínez
Celia América Nieto Del Valle

I. Introducción ... 87
II. La naturaleza y el sentido de la representación política ... 90
III. La crisis de la representación ... 96
IV. Una alternativa para reconstruirla, a partir de los derechos fundamentales ... 104
V. Cambios en los sistemas electoral y de gobierno para una nueva representación ... 109
VI. Conclusiones ... 116
VII. Fuentes de información ... 119

La representación política reconfigurada por el Estado abierto ... *121*

Monserrat Olivos Fuentes

I. Introducción ... 121
II. La representación política y la participación ciudadana en su configuración ... 122
III. El paradigma del Estado abierto ... 126
IV. Hacia la representación política en el contexto del Estado abierto en México ... 130
V. Conclusiones ... 135
VI. Fuentes De Información ... 136

Breves reflexiones sobre las candidaturas independientes. La experiencia en Michoacán: una mirada desde la sociedad ... *139*

José Alfredo Tapia Navarrete

I. Introducción ... 139
II. El espíritu de las candidaturas independientes en el marco jurídico mexicano ... 141
III. El caso Castañeda Gutman en sede internacional ... 143
IV. Los efectos de la lucha ciudadana y las consecuencias de las reformas constitucionales y legales ... 145

V. El paso a las reformas legales vs. expectativa social 146
VI. Las candidaturas independientes y el caso Michoacán 150
VII. Consideraciones finales 152
VIII. Fuentes de Información. 155

Representación, partidos políticos y efectividad del sufragio en los municipios *157*
Carlos Salvador Rodríguez Camarena
Héctor Chávez Gutiérrez

I. Introducción 157
II. La decepción ciudadana 158
III. El marco jurídico de la representación 160
IV. La representación política 161
V. Democracia, representación y partidos políticos 171
VI. Los partidos políticos y la presentación de candidaturas .. 176
VII. Los partidos y la efectividad del sufragio en los municipios. 177
VIII. Reflexiones finales 180
IX. Fuentes de información 182

Trascendencia de la práctica parlamentaria en los poderes legislativos .. *187*
Miguel Ángeles Hernández

I. Introducción 187
II. Derecho parlamentario y teoría de la legislación 188
III. Fuentes Del Derecho Parlamentario 190
IV. Práctica Parlamentaria 193
V. Naturaleza De La Práctica Parlamentaria 195
VI. Justificación de la práctica parlamentaria 196
VII. Finalidad de la práctica parlamentaria 198
VIII. Límites de la práctica parlamentaria 199
IX. Consideraciones finales 201
X. Fuentes de Información 202

Presentación

En la actualidad hablar de democracias contemporáneas es sin duda dialogar sobre la representación ciudadana en el ejercicio del poder, es referirse también a un tipo de régimen político en el que la ciudadanía adopta un papel importante en la toma de decisiones políticas a través de diversos mecanismos de participación ciudadana.

La forma del gobierno representativo que hoy se asimila al concepto de democracia guarda una relación estrecha con la representación de los intereses de diferentes sectores o grupos de la sociedad. En este sentido, la participación ciudadana refiere a la intervención de los individuos en actividades públicas.

Bajo este contexto, la presente obra nos da a conocer siete ensayos que abordan de forma precisa el tema de la representación política y la participación ciudadana desde diferentes ángulos.

A partir de ello, los autores nos llevan de la mano desde: el concepto de la representación política, sus componentes, evolución y áreas de oportunidad. De igual manera, y desde una perspectiva histórica se nos muestra un contexto del sistema representativo en Michoacán en los años posteriores a la Independencia de México (1824 a 1835), es decir, durante la República Federal, que va desde la forma en que ésta fue adoptada, hasta la consecuente reforma constitucional.

En otra línea se aborda la representación política desde una visión de los derechos humanos, en la que se plantean algunos cambios como una forma de reconstruirla a partir de la crisis que enfrenta, desde la óptica del autor. También, en esta obra se hace referencia a la representación política reconfigurada por el Estado Abierto, entendido éste, bajo el supuesto de que el trabajo realizado por el Estado es clave para la eficacia y el fortalecimiento de las democracias; así, la autora refiere una propuesta de cambio con base en las deficiencias en la administración pública y desafíos que pueden ser superados a partir de la colaboración con la ciudadanía y el empleo de nuevas herramientas tecnológicas.

Así mismo, se exponen una serie de reflexiones sobre las experiencias de las candidaturas independientes en nuestro Estado, entre las que el autor propone una reforma, con la finalidad de que las candidaturas independientes sean espacios que realmente ocupe la ciudadanía y no ex militantes de algún partido político o grupos fácticos.

Por otra parte, se analiza la representación de las candidaturas postuladas por partidos políticos en el ámbito municipal, en donde se expone desde la decepción ciudadana hasta la efectividad del sufragio en los municipios. Finalmente se expone la trascendencia de la práctica parlamentaria en los poderes legislativos, analizando el derecho parlamentario y la teoría de la legislación, práctica parlamentaria y su finalidad, así como sus límites.

Como podemos observar, las autorías que se presentan en esta obra son una genuina aportación que nos permiten comprender la importancia de la representación política y participación ciudadana, en particular en nuestro país a través del tiempo y desde distintos ángulos, temas expuestos en este libro de forma muy puntual.

Sin duda, la consulta de esta obra pone de relieve el trabajo realizado por personas destacadas tanto en la academia como en la función pública, quienes con su experiencia y visión nos llevan con sus aportaciones a un ejercicio de análisis y reflexión.

Trabajos todos ellos muy interesantes, especialmente para quienes conformamos el Instituto Electoral de Michoacán, pues como autoridad responsable del ejercicio de la función estatal de organizar y vigilar las elecciones en el Estado, así como, los procesos de participación ciudadana, pues tenemos el firme propósito, tanto por mandato constitucional y legal, como por convicción institucional, de garantizar que la ciudadanía michoacana, se encuentre debidamente representada, pues hoy en día no se puede hablar de democracia en donde se excluye algún sector de nuestra sociedad.

MTRA. VIRIDIANA VILLASEÑOR AGUIRRE
Consejera del Instituto Electoral de Michoacán.

Prólogo

El desencanto y la decepción son rasgos predominantes de nuestro tiempo. La búsqueda de satisfacción personal y felicidad inmediata ha relegado a un segundo plano los ideales y las ilusiones. Este estado de ánimo social se refleja en la política, o quizás, la política ha contribuido a moldear este clima social.

Si partimos del supuesto convencional de que la política es fundamentalmente un medio para que la sociedad alcance objetivos prácticos; que concierne a los gobiernos y a su influencia sobre la vida social; y que su tarea principal es reconciliar intereses competitivos en la toma de decisiones que afectan a la comunidad, entonces el tema más relevante en la teoría política debería ser la relación entre representación y democracia. Sin embargo, las instituciones representativas pueden, en ocasiones, traicionar en lugar de servir a la democracia y a la libertad. Es posible tener representación sin democracia y, en el caso de la democracia directa, democracia sin representación.

Por supuesto, siempre ha existido una alternativa, al menos desde los tiempos de Aristóteles: la participación en las decisiones comunitarias es en sí misma esencial para una vida plena y para la realización de nuestro potencial humano. La oportunidad de participar en la definición de las normas de una comunidad es un componente constitutivo de la libertad.

Si consideramos que la importancia de la práctica política radica en la reconciliación de intereses competitivos, entonces las instituciones representativas bien diseñadas deberían cumplir adecuadamente con ese propósito. Pero si el verdadero valor reside en la experiencia de la participación política, entonces ninguna representación puede sustituir la participación directa de cada uno de nosotros.

De ahí la importancia de la representación política. La representación política es un concepto ambiguo y engañosamente simple. Aunque todos tenemos algún tipo de percepción sobre ella, es difícil llegar a un consenso sobre su definición específica. Existe una amplia literatura que ofrece diversas definiciones de este concepto escurridizo[1]. Una de las más sencillas es la que propone Hanna Pitkin[2]: representar es simplemente hacer presente de nuevo. Según esta definición, la representación política es la actividad de hacer que las voces, opiniones y perspectivas de los ciudadanos estén "presentes" en los procesos de toma de decisiones políticas. Se puede inferir que hay representación política si los actores políticos hablan, abogan, simbolizan y actúan en nombre de otros en la arena política. En pocas palabras, la representación política sería una forma de asistencia política. Pero esta definición, de apariencia sencilla, es inadecuada porque deja el concepto de representación política limitadamente pobre. El concepto de representación política tiene múltiples dimensiones que compiten entre sí: nuestra comprensión común de la representación política contiene concepciones diferentes y conflictivas sobre cómo debe ser la actuación de los representantes políticos, por lo que somete a los representantes a estándares que pueden ser incompatibles.

En esta época en la que la política y su interpretación están en un flujo constante y bajo discusión, este libro surge como una guía para desentrañar las múltiples dimensiones de la representación política en México, con un enfoque especial en las dinámicas del estado de Michoacán. A través

---

1 Los tratamientos clásicos del concepto de representación política los encontramos en Pennock, J. y Chapman, J. (1968). *Representation*. Routledge; y Schwartz, N. (1988). *The Blue Guitar: Political Representation and Community*. University of Chicago Press.

2 Pitkin, H. (1967). *The Concept of representation*. University of California Press.

de una serie de ensayos perspicaces, los autores de este libro colectivo exploran desde los fundamentos teóricos hasta las complejas prácticas parlamentarias; abordan la transformación del Estado y el papel crucial de los derechos fundamentales en la representación.

La representación política en un sistema democrático no solo implica la delegación de un poder soberano que emana del pueblo. En teoría, este poder se otorga, ya sea de manera directa o indirecta, a aquellos que el pueblo considera más aptos para ejercerlo. Con esta delegación, se espera convertir en realidad ciertas aspiraciones colectivas, como la justicia social y el bien común. Además, la representación política implica una serie de valoraciones éticas y filosóficas que nos llevan a la esencia de vivir en democracia. Entre estas se incluyen el derecho al sufragio universal, tanto para votar como para ser votado, el ejercicio de la ciudadanía, los mecanismos de participación ciudadana, el ejercicio de derechos políticos electorales y los procedimientos administrativos y jurisdiccionales. Todo esto debe formar parte de un sistema político, electoral y de partidos diseñado para garantizar que el mandato de la soberanía, que reside en el pueblo, se traduzca en una representación política efectiva. Así, este sistema buscaría legitimar y reconocer a los sujetos de esta delegación para que puedan ejercer el poder político que el pueblo les ha conferido.

En el entorno actual, marcado por reformas inminentes al sistema político-electoral mexicano, los análisis ofrecidos en los ensayos de este libro son más que oportunos. Con reflexiones serias y fundamentadas en diversas disciplinas, los autores buscan ofrecer una comprensión integral del sistema representativo en México y Michoacán, desde la República de 1824 hasta la actualidad.

El objetivo de los trabajos es proporcionar una visión general del significado de la representación política, a partir de la identificación de sus componentes clave. La estructura de las reflexiones presentadas permite al lector familiarizarse con los orígenes y desafíos actuales en el ámbito de la representación política, todo ello desde diversas áreas de investigación y niveles de experticia académica y profesional. Cada ensayo de la obra aporta una perspectiva única, para enriquecer así la comprensión del lector sobre la representación política en México y ofrecer un análisis matizado y profundo del tema.

Carlos Salvador Rodríguez Camarena ofrece un marco sólido y detallado sobre los fundamentos y elementos esenciales de la representación política. Su análisis histórico no solo revela la evolución del concepto, sino que también ilumina su manifestación en el contexto político actual. Además, identifica claramente áreas de oportunidad para futuras investigaciones y proporciona una perspectiva renovada sobre la representación en el cambiante escenario político contemporáneo.

En su enfoque discursivo, Rodríguez Camarena nos acerca a la definición de lo que debemos entender por representación política. Sin embargo, no ofrece una conceptualización única y universal. Enfatiza que definir la representación política es engañosamente simple, ya que, aunque muchos creen entenderlo, pocos logran consensuar una definición específica. Su ensayo subraya la importancia de comprender la complejidad del concepto y nos invita a analizar la representación política desde diversas perspectivas para entender mejor su naturaleza.

Rodríguez Camarena señala que la representación política es poliédrica, lo que dificulta su descripción desde una única faceta. Existe una amplia literatura que ofrece múltiples definiciones de este concepto esquivo. Según su propuesta, la representación política es la actividad de hacer que las voces, opiniones y perspectivas de los ciudadanos estén "presentes" en los procesos de formulación de políticas públicas.

Así, la representación política ocurre cuando los actores políticos hablan, abogan, simbolizan y actúan en nombre de otros en el ámbito político, funcionando como una forma de asistencia política. Sin embargo, esta definición, aunque directa, resulta insuficiente porque deja el concepto de representación política sin especificidades claras.

Finalmente, Rodríguez Camarena sitúa su análisis en el contexto histórico actual, enfatizando la crisis que enfrenta el modelo democrático mexicano. Destaca la decepción ciudadana hacia sus representantes y el peligroso distanciamiento entre gobernados y gobernantes. Estos factores están afectando negativamente la calidad de la democracia, la credibilidad de los partidos políticos y, especialmente, inhibiendo la participación ciudadana.[3]

Un segundo trabajo, de enfoque histórico, aborda el sistema representativo en el emergente estado de Michoacán, que surgió tras la federalización del naciente Estado mexicano después de la revolución de independencia. En "El sistema representativo en Michoacán durante la República Federal 1824-1835", Jaime Hernández Díaz nos transporta con su aguda pluma al Michoacán del siglo XIX, en los momentos iniciales de la novel República Federal. Su análisis meticuloso resalta la transición hacia una república que combina elementos federales y representativos; enfatiza el papel crucial de los Ayuntamientos, el Congreso y la ciudadanía en este proceso.

Hernández Díaz nos guía de forma explícita a través de la historia de la construcción del diseño institucional en la Constitución Política del Estado Libre y Federado de Michoacán, promulgada en 1825. Esta constitución se basa en la división de poderes y en la incorporación del régimen constitucional de los ayuntamientos. Es revelador encontrar un análisis que

---

3 Al final, este Prólogo ofrece una breve lista de trabajos recientes sobre los temas que se exponen en este libro colectivo. Da un panorama del estado de la cuestión y una idea de lo vigentes y relevantes que son las cuestiones que se tratan.

nos permite entender cómo las primeras normativas electorales han evolucionado en función del desarrollo histórico del Estado de Michoacán.

Entender la historia de los procesos electorales es fundamental para comprender la evolución del derecho electoral. A partir de 1825, los ciudadanos empezaron a familiarizarse con las elecciones como método de representación política. Acudirían a las mesas electorales el primer domingo de diciembre para elegir a sus electores primarios, quienes serían los depositarios de la voluntad general y estarían encargados de decidir la composición de los cabildos de la entidad. Posteriormente, el tercer domingo del mismo mes, estos cabildos elegirían a los integrantes de los ayuntamientos. Cabe destacar que los alcaldes se renovarían anualmente en su totalidad, mientras que los regidores y síndicos lo harían por mitades.[4]

"La reconstrucción de la representación política, una visión desde los derechos fundamentales", escrito por Humberto Urquiza Martínez y Celia América Nieto del Valle, ofrece una profunda exploración de los problemas contemporáneos en torno a la representación política. Los autores abogan por una reinvención de este concepto, fundamentada en los derechos humanos inalienables, con el objetivo de lograr una representación más justa y equilibrada.

Urquiza y Nieto examinan el sentido y la naturaleza de la representación política, así como su esencia y propósito en un sistema democrático. A través de un análisis que se apoya en conceptos clave de la ciencia política, como el poder político, el Estado, el interés general, el bien común, la ciudadanía, las instituciones públicas y la propia representación política, los autores nos adentran en el desarrollo de las relaciones políticas y

---

4 Este es un trabajo pionero en la materia. Prácticamente no existe literatura sobre el tema, en el ámbito nacional.

cómo parte de estas se traduce en la delegación de la soberanía a través de la representación.

Ambos autores sitúan su análisis en el contexto de la crisis actual que enfrenta el modelo democrático, lo cual plantea riesgos para la representación política. Sin embargo, proponen de manera innovadora, y desde la perspectiva de los derechos humanos, una alternativa para reconstruir este sistema. Este proceso implicaría una serie de transformaciones en el sistema electoral y de gobierno, cambios que son tanto necesarios como acordes con el momento político actual. Estas modificaciones se vuelven especialmente inevitables ante los desafíos que enfrenta el sistema de representación política en México.

En esta era de cambios acelerados, se plantea la necesidad de reconstruir la representación política como un derecho fundamental. Este planteamiento se basa en alternativas surgidas de la realidad imperante en el país, con el objetivo de renovar las relaciones entre sociedad y gobierno, o entre representantes y representados. Monserrat Olivos Fuentes, autora de "La representación política reconfigurada por el Estado abierto", nos introduce al concepto innovador del Estado abierto y examina su potencial para transformar la representación política. Su ensayo resalta la interacción entre la representación política y la participación ciudadana, abogando por un México más inclusivo y transparente.

La autora aborda el tema contemporáneo del Estado abierto y nos muestra cómo el derecho de acceso a la información puede mejorar significativamente la representación política. Pero no se detiene ahí; también destaca cómo este derecho contribuye a la transparencia, la rendición de cuentas y la participación ciudadana. La autora recurre a los avances tecnológicos para proponer una nueva filosofía política y administrativa que sea eficaz, eficiente y que sitúe al ciudadano como el sujeto central.

Según Olivos, el Estado abierto no solo permite una sociedad informada y deliberativa, sino que también es un componente esencial para un nuevo modelo de organización social. En este modelo, toda la información generada por las instituciones estatales debe estar disponible para los ciudadanos con mínimas restricciones. Esto facilita la mejora en el diseño, control y evaluación de políticas públicas, permitiendo a su vez un nuevo modelo de organización administrativa que mejore los procesos de transparencia y rendición de cuentas. De esta manera, se combate la corrupción y se coloca al ciudadano en el centro de la construcción de la agenda pública.

José Alfredo Tapia Navarrete, en su obra "Breves reflexiones sobre las candidaturas independientes", ofrece un análisis profundo del fenómeno de las candidaturas independientes en México; enfoca su atnción especialmente en Michoacán. Destaca casos emblemáticos y examina cómo las demandas ciudadanas han impulsado reformas constitucionales y legales en este ámbito.

Las candidaturas independientes han surgido como una respuesta parcial e insatisfactoria al descontento social hacia los candidatos tradicionales propuestos por los partidos políticos. Tapia Navarrete cuestiona si la estructura legal de estas candidaturas se alinea con el marco internacional de derechos humanos. Argumenta que ni la legislación secundaria ni los procesos electorales actuales han logrado satisfacer las expectativas ciudadanas. Lejos de convertirse en un modelo a seguir, las candidaturas independientes han generado un desencanto que exige reflexión, especialmente porque ponen en riesgo la aspiración ciudadana de tener opciones fuera de los partidos políticos convencionales.

El autor inicia su análisis con el caso emblemático de Jorge Castañeda Gutman, ex canciller de México, quien en 2004 solicitó su registro como candidato para las elecciones presidenciales de 2006. Dicha solicitud le fue denegada debido a que no fue postulado por ningún partido político. En respuesta, Castañeda Gutman llevó su caso ante la Corte Interamericana de Derechos Humanos. Tras la emisión de una sentencia que condenaba al Estado Mexicano, se desencadenó una serie de reformas paulatinas tanto en la Constitución Política de los Estados Unidos Mexicanos como en las leyes reglamentarias electorales. Estas reformas tuvieron como objetivo perfeccionar la figura de las candidaturas independientes como una forma innovadora de participación política.

Sin embargo, el autor señala que estas reformas no han cumplido con las expectativas de la sociedad. La complejidad de la regulación hace casi imposible que un ciudadano común alcance la competitividad electoral necesaria para ganar un cargo de elección popular por esta vía. Además, no han logrado romper el monopolio y cacicazgo de los partidos políticos. Finalmente, Tapia Navarrete examina el caso controversial del candidato independiente a la presidencia municipal de Morelia, quien ganó la elección en 2015. Este caso reavivó el debate sobre la legitimidad y eficacia de las candidaturas independientes, cuestionando si realmente están más cercanas a los ciudadanos que a los partidos políticos.

Nuevamente Rodríguez Camarena, en colaboración con Héctor Chávez Gutiérrez, autores de "Representación, partidos políticos y efectividad del sufragio en los municipios", exploran la compleja relación entre la representación política, los partidos y el acto de votar en el ámbito municipal. Proponen diversas estrategias para fortalecer los vínculos entre los partidos políticos y la sociedad. Uno de los factores que podría contribuir al sentimiento generalizado de falta de representación es el desconocimiento sobre el alcance legal y doctrinal del término "representación política".

Este penúltimo trabajo aborda precisamente ese aspecto, y también examina el rol que desempeñan los partidos políticos en la tríada representante-representado-gobierno. Se discute la relación entre democracia, representación y partidos políticos, así como el nivel de democracia que podría alcanzarse si las dirigencias partidistas se ajustaran no solo a las teorías académicas, sino también al marco jurídico vigente. A partir de estas consideraciones, se generan reflexiones adicionales sobre cómo los partidos políticos seleccionan a sus candidatos para cargos de elección popular y sobre la efectividad del sufragio. Finalmente, el ensayo concluye con una reflexión sobre la política partidista y la efectividad del voto en el contexto municipal.

Finalmente, pero no menos importante, Miguel Ángeles Hernández, autor de "Trascendencia de la práctica parlamentaria en los poderes legislativos", ofrece un análisis detallado del derecho parlamentario; destaca su importancia y su influencia en la representación política. Hernández nos guía a través de la evolución conceptual e histórica de la práctica parlamentaria, una disciplina que cada vez exige más técnica, especialización y profesionalismo.

Con un lenguaje claro y accesible, el autor nos invita a entender cómo la práctica parlamentaria, un pilar fundamental del derecho parlamentario, ha evolucionado a lo largo del tiempo. Explica las fuentes que alimentan esta rama del derecho y aborda preguntas clave como: ¿Qué entendemos por práctica parlamentaria? ¿Cuál es su naturaleza? ¿Por qué es crucial su estudio y transformación?

Ángeles Hernández también destaca la finalidad y los límites de la práctica parlamentaria. Subraya la importancia de no confundirla con los usos y costumbres que prevalecen en los órganos legislativos. Según él, una distinción crucial entre ambos radica en el número de participantes y la temporalidad. Finalmente, el autor enfatiza que mejorar los procesos parlamentarios indudablemente elevará la calidad del trabajo en cualquier Congreso o Parlamento, ya que la práctica parlamentaria es inherente a la naturaleza de estas instituciones.

Este libro colectivo nos ofrece una exploración multidisciplinaria de la evolución de la representación política en nuestro país, desde la democracia semi-directa de la primera República Federal hasta el modelo actual. Los autores, con sus diversos enfoques académicos, nos introducen inicialmente a las cuestiones conceptuales de la representación política desde las perspectivas del derecho, la historia, la filosofía y la ciencia política. Abordan los elementos y componentes inherentes a la representación y su importancia para entender la democracia como un sistema en el que los ciudadanos delegan su soberanía en quienes consideran aptos para ejercer el poder político.

Actualmente, enfrentamos numerosos desafíos en el ámbito de la representación política democrática. Históricamente, personas de diversos colectivos, especialmente aquellas en condiciones de vulnerabilidad, han quedado excluidas. Esta exclusión no se limita solo a la integración de los poderes públicos elegidos por sufragio popular, sino que también se extiende a los procesos de toma de decisiones, elaboración de marcos normativos y diseño de políticas públicas. Aunque las medidas de acción afirmativa y las cuotas obligatorias han contribuido a la inclusión de mujeres, personas con discapacidades, miembros de la comunidad LGBTQ+, migrantes y comunidades originarias, su presencia sigue siendo escasa. Además, hay sectores aún no representados, como las personas pequeñas y la población afrodescendiente.

La verdadera riqueza de un sistema democrático que garantiza derechos y libertades radica en la diversidad de su representación política. Es en los espacios de poder donde se generan presupuestos, se toman decisiones y se diseñan políticas públicas. Solo cuando todos los sectores de la sociedad están adecuadamente representados, sus necesidades y voces serán escuchadas.

Esperamos que, en un futuro cercano, nuestro sistema democrático alcance un nivel de desarrollo y consolidación que no solo cumpla con los principios de certeza, legalidad y confiabilidad, sino que también responda a las deudas históricas con los sectores sociales que han sido invisibilizados y excluidos del poder político.

El tema de representación, a través de la historia, ha tenido momentos en los que parece haber sido agotado. La literaria de los últimos 20 años muestra que está en una etapa de revigorización. A manera de muestra, la siguiente es una breve lista de trabajos recientemente publicados sobre los temas que se exponen en este libro colectivo. Da un panorama del estado de la cuestión y una idea de lo vigentes y relevantes que son las cuestiones que se tratan.

Aguiló Regla , J. (2019). En defensa del Estado constitucional de derecho. *DOXA, Cuadernos de Filosofía del Derecho,* (42), 85-100. https://rua.ua.es/dspace/bitstream/10045/99636/1/DOXA_42_04.pdf.

Alarcón-Olguín, V. (2020): Candidaturas independientes presidenciales en México 2018. Estructura, oferta y éxito electoral. Revista Legislativa de Estudios Sociales y de Opinión Pública, *13*(27), 129-180. https://biblat.unam.mx/hevila/Revistalegislativadeestudiossocialesydeopinionpublica/2020/vol13/no27/5.pdf.

Casas, E. (2009). Representación política y participación ciudadana en las democracias. *Revista mexicana de ciencias políticas y sociales, 51*(205), 59-76. http://www.scielo.org.mx/scielo.php?script=sci_arttext&pid=S0185-19182009000100004&lng=es&tlng=es.

De la Peña, R. (2021). El impacto de las coaliciones: Análisis de su efectividad en las elecciones para diputaciones federales de 2021. Chetumal: Sociedad Mexicana de Estudios Electorales A.C.. https://nbn-resolving.org/urn:nbn:de:0168-ssoar-76892-7.

De la Peña, R. (2021). *La estrategia de voto útil: Análisis de su efectividad en las elecciones para diputaciones federales de 2021.* Chetumal: Sociedad Mexicana de Estudios Electorales A.C.. https://nbn-resolving.org/urn:nbn:de:0168-ssoar-76891-2.

Freidenberg, F. (2019). *La representación política de las mujeres en Honduras: resistencias partidistas y propuestas de reformas inclusivas en perspectiva comparada.* Centro Carter.

Freidenberg, F. y Brown Arauz, H. (2019). La representación política de las mujeres en Panamá: una propuesta para superar el dilema de coordinación entre las primarias y la paridad. Derecho electoral, (27), 5-25. DOI: 10.35242/RDE_2019_27_1

Freidenberg, F. y Garrido, S. (2021). Régimen electoral de género y representación política de las mujeres a nivel subnacional en méxico. *Revista de ciencia política (Santiago)*, 41(1), 67-101. https://dx.doi.org/10.4067/S0718-090X2021005000103.

Freidenberg, F. y Gilas, K. (2020). En nombre de los derechos y a golpe de sentencias: el impacto de la justicia electoral sobre la representación política de las mujeres mexicanas. *Documentos de trabajo del Instituto de Investigaciones Jurídicas de la UNAM. 2020.* https://archivos.juridicas.unam.mx/www/bjv/libros/13/6097/1.pdf.

García Méndez, E. (2019). Representación política de las mujeres en los Congresos subnacionales en México. Un modelo de evaluación. *Estudios Políticos*, (46), 73-98. https://www.scielo.org.mx/scielo.php?pid=S0185-16162019000100073&script=sci_abstract.

García Roca, J. (2007). Representación política y transfuguismo: la libertad de mandato. *Cuadernos de Derecho Público*, (32), 25-68. https://revistasonline.inap.es/index.php/CDP/article/view/9503/9442.

Gómez Albarello, J. (2019). La apariencia "democrática" de la Constitución de 1991: crisis y futuro de la representación política en Colombia y en el mundo. *análisis político*, nº (96), 103-121. https://revistas.unal.edu.co/index.php/anpol/article/view/83753.

González-Moreno, A. (2019): Las esferas del gobierno abierto. Una aproximación desde la teoría de la democracia. *Forum. Revista Departameno de Ciencia Política*, (15), 147-170. https://doi.org/10.15446/frdcp.n15.74662.

Greppi, Andrea (2022). *Teoría constitucional y representación política. La doctrina estándar y su obsolescencia.* Marcial Pons.

Heiss, C. (2020). Populismo y desafíos de la representación política en las democracias contemporáneas. *Revista de Sociología*, 35(2), 30-41. DOI: 10.5354/0719-529X.2020.58646.

Losada, R y Rivas, J. (2020). La representación política. En F. Sánchez y N. Liendo (eds.) *Manual de Ciencia Política y Relaciones Internacionales.* Universidad Sergio Arboleda.

Malamud, C. y Núñez, R. (28 de octubre de 2021). La crisis de la democracia en América Latina, 2019-2021. *Boletín 251-2021: Elcano y la*

Agenda 2030. https://www.realinstitutoelcano.org/newsletters/boletin-newsletter-251-2021-elcano-y-la-agenda-2030-the-elcano-and-the-2030-agenda/

Montero Caro, María Dolores (2020). *Gobierno abierto como oportunidad de cambio.* Dykinson

Montes de Oca López, J. y Sandoval-Almazán, R. (15-17 de agosto de 2019). *Estudio del uso de las Redes Sociales en las Candidaturas Independientes a Presidente de México 2018.* Twenty-fifth Americas Conference on Information Systems, Cancun, 2019. https://www.researchgate.net/publication/334466261_Estudio_del_uso_de_las_Redes_Sociales_en_las_Candidaturas_Independientes_a_Presidente_de_Mexico_2018.

Morales Quiroga, M. (2020). Estallido social en Chile 2019: participación, representación, confianza institucional y escándalos públicos. *análisis político,* (98), 3-25. http://www.scielo.org.co/scielo.php?script=sci_arttext&pid=S0121-47052020000100003.

Núñez Lira, L., Valentín Loayza, J., Alfaro Mendives, K. y Dulanto, E. (2020). Gobernanza, representación política y desafección democrática en el Perú. *Revista Venezolana de Gerencia, 25*(92), 1330-1346.

Ordóñez, J. (2021). Las candidaturas independientes: retos jurídicos para fortalecer la democracia en México en el futuro inmediato. *CIENCIA ergo-sum, 28*(1), 1-15. https://doi.org/10.30878/ces.v28n1a2.

Pabón Arrieta, Juan Antonio (2019). *La democracia en América Latina : un modelo en crisis.* J.M. Bosch Editor

Picarella, L. (2015). Sobre los conceptos de representación política, participación política y populismo: una lectura. *FRONESIS. Revista de Filosofía Jurídica, Social y Política, 22*(2), 22-51. https://vlexvenezuela.com/vid/conceptos-representacion-politica-participacion-653249357.

Rabasa Gamboa, E. (2020). La democracia participativa, respuesta a la crisis de la democracia representativa. *Cuestiones constitucionales. Revista Mexicana de Derecho Constitucional,* (43), 351-376. https://doi.org/10.22201/iij.24484881e.2020.43.15188.

Ramírez-Alujas, A. (2019): El estado del Estado abierto en América Latina: avances, alcances y perspectivas. *Estado abierto. Revista sobre el Estado, la administración y las políticas públicas, 4*(1), 13-38. https://publicaciones.inap.gob.ar/index.php/EA/article/view/132.

Tello Rozas, A. (2022). *Del sufragio femenino a la paridad de género: Un largo camino en busca de la igualdad en política.* Pontificia Universidad Católica del Perú. [Tesis de Maestría publicada]. https://tesis.pucp.edu.pe/repositorio/handle/20.500.12404/25177.

Tricot, V. y Bidegain, G. (2020). En busca de la representación política: el partido mapuche Wallmapuwen en Chile. *Estudios sociológicos, XXXVIII*(113), 375-407. doi: http://dx.doi.org/10.24201/es.2020v38n113.1805

Vélez Rodríguez, L. (2021). Evolución de los derechos politicos de las mujeres. *DE IURE, 3*(1), https://doi.org/10.48703/di.v3i1.1042.

Vidal Correa, F. (2019). La fortaleza de las candidaturas independientes y sus oportunidades de competencia frente a los partidos políticos en México. *Revista mexicana de ciencias políticas y sociales, 64*(235), 427-462. https://doi.org/10.22201/fcpys.2448492xe.2019.235.61729.

Villacís, J. (2023). *El sufragio activo obligatorio y la participación política en el Ecuador*. Universidad Regional Autónoma de Los Andes. https://dspace.uniandes.edu.ec/handle/123456789/16616.

Zuart, A. y Herrán, A. (2021). México, una democracia en crisis de confianza y satisfacción. Años 2000-2018. *investigación & desarrollo, 29*(2) (2021). https://rcientificas.uninorte.edu.co/index.php/investigacion/article/view/13856/214421445486.

CARLOS SALVADOR RODRÍGUEZ CAMARENA

Coordinador de Obra

Agosto de 2023, Morelia, Mich.

Representación Política

Political Representation

CARLOS SALVADOR RODRÍGUEZ CAMARENA[5]

SUMARIO: I. INTRODUCCIÓN; II. LOS COMPONENTES CLAVE DE LA REPRESENTACIÓN POLÍTICA; III. LA REALIDAD POLÍTICA Y EL CONCEPTO DE REPRESENTACIÓN POLÍTICA; IV. EVOLUCIÓN DEL CONCEPTO DE REPRESENTACIÓN POLÍTICA; V. ÁREAS DE OPORTUNIDAD DE ESTUDIOS.

I. INTRODUCCIÓN

La representación política es engañosamente simple: todos parecen saber lo que es, pero pocos pueden ponerse de acuerdo sobre una definición particular. Es difícil conocer comprensivamente el concepto de la representación política si intentamos hacerlo desde una sola perspectiva. La representación política debe analizarse desde diferentes ópticas, si queremos conocer con mayor exactitud su naturaleza. La representación política es poliédrica y si pretendiéramos describirla únicamente desde sólo uno de sus lados, se produciría un conocimiento parcial.

De ahí que exista una vasta cantidad de literatura que ofrece muchas definiciones diferentes de este concepto evasivo.[6]

---

5 Doctor en Derecho, Profesor e Investigador Titular "B" de tiempo completo de la Universidad Michoacana de San Nicolás de Hidalgo.

6 En la literatura anglosajona encontramos a los ya clásicos Pitkin (1967), Pennock y Chapman (1968) y Schwartz (1988).

La definición más directa, de diccionario, indica que representar es simplemente "hacer presente algo" (Real Academia Española, 2014). A partir de esta definición, se podría decir que la representación política es la actividad de hacer que las voces, opiniones y perspectivas de los ciudadanos estén "presentes" en los procesos de formulación de políticas públicas. La representación política ocurre cuando los actores políticos hablan, abogan, simbolizan y actúan en nombre de otros en el ámbito político; es un tipo de asistencia política. Sin embargo, esta definición directa no es adecuada en su forma actual; deja el concepto de representación política sin especificidades. Ya se dijo, el concepto de representación política tiene dimensiones múltiples y contradictorias sobre cómo y qué es lo que los representantes políticos deberían representar. Si se dejan estas dimensiones sin especificar, la definición no logra capturar el carácter paradójico del concepto.

Este breve trabajo tratará de identificar los componentes clave que permitan una visión y comprensión más amplia del concepto de representación política, desde una óptica de nuevas formas de representación que están emergiendo que no se limitan a la relación entre los representantes formales y sus representados, sin obviar que existen varios problemas persistentes y manifiestos con las teorías de la representación política, para proponer algunas áreas de investigación futuras.

En la literatura europea y latinoamericana se puede mencionar a Bobbio (2005; 2006), Manin (1998), Rodríguez (1996), Sartori (1999), entre otros.

II. LOS COMPONENTES CLAVE DE LA REPRESENTACIÓN POLÍTICA

La representación política casi siempre presentará los siguientes cinco componentes:

a. Una parte que representa. Puede ser una persona física, una organización, un movimiento, una agencia estatal);

b. Otra parte que está siendo representada (un cliente, los votantes, los agremiados);

c. Algo que es representado (opiniones, perspectivas, intereses, discursos);

d. Un entorno, un contexto, dentro del cual se desarrolla la actividad de representación (el contexto político, organizacional, etcétera);

e. Algo que se está dejando de lado, porque al representante le es imposible la comprensión inclusiva de todas las opiniones, intereses y perspectivas no expresadas por los representados.

En materia de representación política, las teorías casi siempre especifican los términos para los primeros cuatro componentes. Por ejemplo, los teóricos democráticos a menudo limitan los tipos de representantes a la representación formal, es decir, a representantes que ocupan cargos de elección. Las teorías de la representación a menudo se aplican solo a tipos particulares de actores políticos dentro de un contexto particular, razón por la que el concepto de representación sigue siendo elusivo. La forma en que los individuos representan a un electorado se trata como algo distinto de cómo representan los movimientos sociales, los órganos judiciales u organizaciones informales. En consecuencia, no queda claro cómo se relacionan entre sí las diferentes formas de representación.

El verbo representar (del latín *repraesentare*) significa literalmente "hacer presente aquello que está ausente".

En el lenguaje político, este término reúne al menos dos significados más específicos. En la propuesta de Carl Schmitt (1928) –más tarde retomada por Gerhard Leibholz (1933)– un primer significado entiende "representar" como "actuar o hablar por cuenta o en nombre de otro" (representación como *Vertretung*). En un segundo significado, "representar" implica "reflejar una realidad" (representación como *Repräsentation*). El primero de los dos significados se ha consolidado en el lenguaje jurídico; el segundo es más cercano al léxico filosófico (Brunet, 2012). En el lenguaje político ambos significados se sobreponen y se confunden; es suficiente recordar los calificativos típicos de la institución representativa por excelencia: se habla de las cámaras de un congreso como "cámara de representantes" y también como de "espejo de la sociedad". Los dos significados están presentes ya desde las *Considerations on Representative Government* de John Stuart Mill (1861).

Rehfeld (2006) ha ofrecido una teoría general de la representación que identifica la representación como referencia de una audiencia mayoritaria que acepta a una persona como su representante. Una consecuencia de este enfoque general es que permite casos de representación antidemocráticos, en el sentido de que las minorías no podrían estar representadas. Esta teoría general de la representación tampoco especifica qué es lo que el representante debería o debe hacer para ser reconocido como representante. Qué es lo que lo que exactamente hacen o deberían hacer los representantes ha sido un tema muy discutido. En particular, siempre ha existido la controversia sobre qué tipo de mandato reciben los representantes.

2.1. Mandato imperativo versus mandato representativo

Históricamente, la literatura teórica sobre representación política se ha centrado en si los representantes deben actuar como delegados (mandato imperativo) o síndicos (mandato representativo). Los representantes que son delegados simplemente siguen las preferencias expresadas por sus constituyentes. James Madison (Hamilton, Madison y Jay, 1952–10, p. 51) describe al gobierno representativo como "la delegación del gobierno... a un pequeño número de ciudadanos elegidos por el resto". Madison sugiere tener una población diversa y grande como una forma de disminuir los problemas con una mala representación. En otras palabras, las preferencias de los representados pueden salvaguardar parcialmente al representante contra los problemas de facción o partido.

En contraste, los fideicomisarios (mandato representativo) son representantes que siguen su propia comprensión de las cosas y deciden, en consecuencia, sobre lo que consideran la mejor acción a seguir. Edmund Burke (1790) es famoso por argumentar que:

> El Parlamento no es un congreso de embajadores de intereses diferentes y hostiles, intereses que cada uno debe mantener, como agente y defensor, contra otros agentes y defensores; pero el Parlamento es una asamblea deliberativa de una nación, con un interés, el del conjunto... Usted elige un miembro, de hecho; pero cuando lo ha elegido, él no es miembro de Bristol, pero sí es miembro del Parlamento.[7]

Ahí nace el socorrido argumento de la calidad del representante no ya de sus electores, sino de toda la nación. La concepción entre delegado o síndico de la representación

---

[7] Parliament is not a congress of ambassadors from different and hostile interests, which interests each must maintain, as an agent and advocate, against other agents and advocates; but Parliament is a deliberative assembly of one nation, with one interest, that of the whole... You choose a member, indeed; but when you have chosen him, he is not member of Bristol, but he is a member of Parliament.

política imponen demandas opuestas y contradictorias sobre el comportamiento de los representantes.[8] Las concepciones de representación de los delegados requieren que los representantes sigan las preferencias de sus electores, mientras que las concepciones de los fideicomisarios requieren que los representantes sigan su propio juicio sobre el curso de acción que deben seguir. Cualquier teoría de la representación debe lidiar con estas demandas contradictorias.

Hanna Pitkin (1985) argumenta que los teóricos no deberían tratar de conciliar la naturaleza paradójica del concepto de representación. Más bien, deberían preservar esta paradoja: los ciudadanos deben salvaguardar la autonomía tanto del representante como de los representados. La autonomía del representante se preserva al permitirle tomar decisiones basadas en su comprensión de los intereses del representado (la concepción del síndico de la representación). La autonomía de las personas representadas se preserva al evaluar cómo valoran los representantes la influencia de los representados en su actuación (la concepción del delegado de la representación). Los representantes deben actuar de manera que salvaguarden la capacidad de los representados para autorizar y responsabilizar a sus representantes y mantener la capacidad del representante de actuar independientemente de los deseos de los representados.

Los **intereses objetivos** son la clave para determinar si se ha violado la autonomía del representante y la autonomía del representado. Sin embargo, Pitkin nunca especifica cómo debemos identificar esos intereses objetivos de los representados. Para esta autora, los representados deberían poder expresar cuáles son sus intereses objetivos, pero simplemente

---

8 Pitkin (1985, 185-209) hace un profundo análisis sobre las similitudes y diferencias entre la concepción de representación de Madison y Burke.

cambia su enfoque sobre esta paradoja recomendando que los representados evalúen a los representantes en función de las razones que den para desobedecer las preferencias de sus representados. Para Pitkin, las evaluaciones sobre los representantes dependerán del tema en cuestión y del entorno político en el que éste actúe. De ahí la importancia de comprender que es inútil –y se agrega que imposible— evaluar la actuación de los representantes con algún conjunto fijo de parámetros. De esta manera, Pitkin concluye que los estándares para evaluar a los representantes desafían las generalizaciones. Además, es probable que las personas, especialmente en una democracia, no estén en total acuerdo sobre lo que los representantes deberían estar haciendo.

Un rasgo distintivo de la representación política consiste en que tanto el representante como los representados forman parte de una asociación política especial (el Estado) y las decisiones emanadas del cuerpo de representantes son vinculatorias, porque están sostenidas por la coacción estatal; es decir, nadie puede excluirse de las decisiones tomadas por los representantes. El representante participa, en última instancia, del poder que otorga la amenaza y aplicación del monopolio de la fuerza física. Así, en la representación política, la acción de los representantes tiene un impacto para todos los que están dentro de cierto territorio estatal, aun cuando su representación no haya sido postulada por todos.

2.2. Cuatro formas de representación

Para Pitkin, comprender el concepto de representación política, implica considerar las diferentes formas en que se usa el término. Cada uno de estos diferentes usos del vocablo proporciona una visión diferente del concepto. La autora compara la concepción de representación con "una estructura tridimensional un tanto complicada, circunvalada, en medio de un oscuro recinto". Los teóricos políticos proporcionan "fotografías con flash de la estructura tomadas desde ángulos diferentes" (1985, 12). Los teóricos políticos han proporcionado cuatro puntos de vista principales sobre el concepto de representación. No obstante, Pitkin nunca explica cómo encajan estas diferentes opiniones sobre la representación política. Algunas veces, ella sugiere que el concepto de representación está unificado. En otras ocasiones, enfatiza los conflictos entre estos diferentes puntos de vista, cómo la representación descriptiva se opone a la rendición de cuentas. Partiendo de su metáfora de la bombilla, Pitkin argumenta que uno debe conocer el contexto en el que se coloca el concepto de representación para determinar su significado. El uso contemporáneo del término "representación" puede cambiar radicalmente su significado (Gurza, 2017).

Según Pitkin, los desacuerdos sobre la representación se pueden conciliar parcialmente al aclarar a qué punto de vista se está apelando. Identifica al menos cuatro posturas diferentes de representación: representación formalista, representación descriptiva, representación simbólica y representación sustantiva. Cada vista proporciona un enfoque diferente para examinar el concepto. Los diferentes puntos de vista de la representación también pueden proporcionar diferentes estándares para evaluar a los representantes. Por lo tanto, los desacuerdos sobre lo que los representantes deberían estar haciendo se ven agravados por el hecho de que las personas adoptan una visión errónea de la representación o aplican mal los estándares de representación. Pitkin ha establecido de muchas maneras los términos de las discusiones contemporáneas sobre la representación al proporcionar una descripción esquemática del concepto de representación política.

Cuadro 1. Esquema sobre qué se discute sobre el concepto de representación política.

Tipo de representación	Descripción	Cuestionamientos a responder	Estándares para evaluación de representantes
1. Formalista	Arreglos institucionales que preceden e inician la representación. La representación formal tiene dos dimensiones: **Autorización y responsabilidad.**	¿Cuál es la posición institucional de un representante?	Ninguno.
(Autorización)	Los medios por los cuales un representante obtiene su posición, estado, posición u oficina.	¿Cuál es el proceso por el cual un representante gana poder (por ejemplo, elecciones) y cuáles son las formas por las que un representante puede hacer cumplir sus decisiones?	No hay estándares para evaluar qué tan bien se desempeña un representante. Solo se puede evaluar si un representante está legitimado en su posición.
(Responsabilidad)	Capacidad de los representados para castigar a su representante por no actuar de acuerdo con sus deseos o la capacidad de respuesta del representante a los constituyentes.	¿Cuáles son los mecanismos de sanción disponibles para los representados? ¿El representante responde a las preferencias de sus electores?	No hay estándares para evaluar qué tan bien se comporta un representante. Solo se determina si un representante debe ser sancionado o si ha respondido.

2. Simbólica	Las formas en que un representante "representa" a lo representado, es decir, el significado que tiene un representante para quienes están representados.	¿Qué tipo de respuesta provoca el representante en las personas representadas?	Los representantes son evaluados por el grado de aceptación que el representante tiene entre los representados.
3. Descriptiva	La medida en que un representante se asemeja a los representados.	¿El representante se parece, tiene intereses comunes o comparte ciertas experiencias con el representado?	Evaluar al representante por la semejanza entre el representante y el representado.
4. Sustantiva	La actividad de los representantes; es decir, las acciones tomadas en nombre de, en interés de, como agente y como sustituto de lo representado.	¿El representante fomenta en su quehacer las preferencias políticas que sirven a los intereses de los representados?	Evaluar a un representante en la medida en que los resultados de las políticas fomentadas por un representante sirvan "los mejores intereses" de sus representados.

Construido a partir de Pitkin (1985)

Pitkin ha tenido una gran influencia en la comprensión contemporánea de la representación política, especialmente entre los politólogos. Por ejemplo, su afirmación de que la representación descriptiva se opone a la responsabilidad, has sido a menudo el punto de partida para las discusiones sobre si los grupos marginados necesitan o no representantes.

Las conclusiones de Pitkin sobre la naturaleza paradójica de la representación política dan sustento a la tendencia entre los teóricos y científicos políticos contemporáneos a centrarse en los procedimientos formales de autorización y rendición de cuentas (representación formalista). En particular, se ha prestado mucha atención teórica al diseño adecuado de las instituciones representativas (por ejemplo, representación proporcional, democracia deliberativa, democracia directa). Este enfoque es comprensible, ya que una forma de resolver las disputas sobre lo que los representantes deberían hacer es "dejar que la gente decida". En otras palabras, establecer procedimientos justos para conciliar conflictos proporciona a los ciudadanos de una democracia la manera de resolver los asuntos sobre el comportamiento de los representantes. De esta manera, las discusiones teóricas sobre la representación política tienden a representar la representación política como una relación mandante-mandatario. El énfasis en las elecciones también explica por qué las discusiones sobre el concepto de representación política frecuentemente colapsan en discusiones sobre democracia. Así, la representación política se entiende como una forma de establecer la legitimidad de las instituciones democráticas y de crear incentivos institucionales para que los gobiernos respondan a los ciudadanos.

En cuanto a los mecanismos de autorización y rendición de cuentas, Plotke (1997, citado por Gurza, 2017) sostiene que fueron especialmente útiles en el contexto de la Guerra Fría: permitió el uso del discurso (específicamente, su demarcación de la democracia participativa) para distinguir a las democracias occidentales de los países comunistas. Los sistemas políticos que celebraron elecciones competitivas se consideraron democráticos (Schumpeter, 1976). De ahí que Plotke (1997) cuestione si tal distinción continúa siendo útil y recomienda ampliar el alcance de nuestra comprensión de la representación política para abarcar la representación de intereses y, por lo tanto, volver a debatir cuál debería ser la actividad adecuada de los representantes. La idea de por qué los entendimientos tradicionales de la representación política resonaron antes del final de la Guerra Fría sugiere que los entendimientos modernos de la representación política dependen en cierta medida de las realidades políticas. Por esta razón, aquellos que intentan definir la representación política deben reconocer cómo las realidades políticas cambiantes pueden afectar la comprensión contemporánea de la representación política. Nuevamente, siguiendo a Pitkin, las ideas sobre la representación política parecen depender de las prácticas políticas existentes de representación. Nuestro entendimiento de la representación está inextricablemente formado por la manera en que las personas están siendo representadas actualmente. Para una discusión informativa sobre la historia de la representación, ver Rodríguez (1996).

III. LA REALIDAD POLÍTICA Y EL CONCEPTO DE REPRESENTACIÓN POLÍTICA

Como ya se mencionó, las discusiones teóricas sobre la representación política se han centrado principalmente en los procedimientos formales de autorización y rendición de cuentas, en lo que Pitkin llamó representación formal. Sin embargo, ese enfoque ya no es satisfactorio debido a las transformaciones políticas nacionales e internacionales.[9] Cada vez más actores internacionales, transnacionales y no gubernamentales juegan un papel importante en el avance de las políticas públicas en nombre de los ciudadanos democráticos, es decir, actuando como representantes de esos ciudadanos. Dichos actores "hablan por", "actúan por" e incluso pueden "representar" a las personas dentro de un Estado-nación. Ya no es deseable limitar la comprensión de la representación política a los funcionarios electos dentro del Estado-nación. Después de todo, cada vez más "contrata" responsabilidades importantes con actores no estatales; por

---

9 Para una discusión extensa sobre las transformaciones nacionales e internacionales, ver Warren y Castiglione (2004).

ejemplo, en materia de regulación ambiental o de derechos humanos. Como resultado, los funcionarios electos no necesariamente poseen "la capacidad de actuar", la capacidad que Pitkin usa para identificar quién es un representante. Entonces, como los poderes del Estado-nación se han diseminado a los actores internacionales y transnacionales, los representantes elegidos no son necesariamente los agentes que determinan cómo se implementan las políticas. Dados estos cambios, el enfoque tradicional de la representación política, es decir, en las elecciones dentro de los Estados nación, es insuficiente para comprender cómo se elaboran e implementan las políticas públicas.

La complejidad de los procesos representativos modernos y las múltiples ubicaciones del poder político sugieren que las nociones contemporáneas de responsabilidad son inadecuadas. Grant y Keohane (2005) han actualizado el concepto de responsabilidad, sugiriendo que el alcance de la representación política debe ampliarse para reflejar las realidades contemporáneas en el ámbito internacional. Michael Saward (2009) propuso un tipo innovador de criterios que deberían usarse para evaluar las reclamaciones representativas no electivas. Existe, también una concepción alternativa de la representación, lo que llaman representación discursiva, para reflejar el hecho de que los actores transnacionales representan discursos, no personas reales. Por discursos, significan conjuntos de categorías y conceptos que incorporan suposiciones, juicios, contenciones, disposiciones y capacidades específicas (Casas, 2009; Palazzo, 2017). El concepto de representación discursiva puede redimir la promesa de la democracia deliberativa cuando la participación deliberada de todos los afectados por una decisión colectiva es inviable.

Las transformaciones locales también revelan la necesidad de actualizar la comprensión contemporánea de la representación política. La vida asociativa (movimientos sociales, grupos de interés y asociaciones cívicas) se reconocen cada vez más como elementos importantes para la supervivencia de las democracias representativas. La manera en que los grupos de interés influyen o juegan un papel central en la implementación y regulación de las políticas públicas, es la medida en que la división entre representación formal e informal se ha desdibujado. La relación fluida entre las trayectorias profesionales de los representantes formales e informales también sugiere que las realidades contemporáneas no justifican centrarse principalmente en los representantes formales.

Dados estos cambios, es necesario revisar nuestra comprensión conceptual de la representación política, específicamente de la representación democrática. La comprensión normativa de la representación no se ha mantenido al día con la investigación empírica reciente y las prácticas democráticas contemporáneas. En un importante artículo seminal, Mansbridge (2003)[10] identifica cuatro formas de representación en las democracias modernas: promisorio, anticipatorio, giroscópico y subrogación. La representación *promisoria* es una forma de representación en la cual los representantes deben ser evaluados por las promesas que hacen a los electores durante las campañas. Este concepto se parece mucho a la discusión de Pitkin sobre la representación formalista. Ambos conceptos atañen principalmente con las formas en que los mandantes dan su consentimiento a la autoridad de un representante. A partir de trabajo empírico, Mansbridge defiende la existencia de tres formas adicionales de representación. En la representación *anticipatoria,* los representantes se centran en lo que creen que sus electores recompensarán en las próximas elecciones y no en lo que prometieron durante la campaña de las elecciones

---

10 Esta autora es prácticamente desconocida en Hispanoamérica. No obstante, empieza permear en el pensamiento de esta región. Ver, por ejemplo, Losada, 2012; Cebrián, 2013; Annunziata, 2014; Ferrara, 2014; Flórez, 2015).

anteriores. Por lo tanto, la representación anticipatoria desafía a quienes entienden la responsabilidad como una actividad principalmente retrospectiva; se convierte e una actividad prospectiva. En la representación *giroscópica*, los representantes "miran hacia adentro" para derivar de su propia experiencia las concepciones de interés y principios que sirven de base para su acción. Finalmente, la representación *sustituta* ocurre cuando un legislador representa a los constituyentes fuera de sus distritos. Para Mansbridge, cada una de estas diferentes formas de representación genera criterios normativos diferentes por los que los representantes deben ser evaluados. Las cuatro formas de representación representan formas en que los ciudadanos democráticos pueden ser legítimamente representados dentro de un régimen democrático. Sin embargo, ninguna de las últimas tres formas de representación opera a través de los mecanismos formales de autorización y rendición de cuentas. En otro trabajo, Mansbridge (2009) sugirió que la ciencia política se ha centrado demasiado en el modelo de responsabilidad de las sanciones y que otro modelo, que llama el modelo de selección, puede ser más efectivo al solicitar el comportamiento deseado de los representantes. Para la autora, en el modelo de sanción de responsabilidad el representante tiene intereses diferentes de los representados, por lo que este no solo debe monitorear sino recompensar al buen representante y castigar al malo. En contraste, el modelo de selección de rendición de cuentas parte del supuesto que los representantes tienen motivos auto motivados y exógenos para llevar a cabo los deseos de los representados. De esta manera, Mansbridge amplía nuestra comprensión de la responsabilidad para permitir que se produzca una buena representación fuera de los mecanismos formales de sanción.

El replanteamiento de Mansbridge del significado de la representación tiene una visión importante para las discusiones contemporáneas de la representación democrática. Al especificar las diferentes formas de representación dentro de una política democrática, Mansbridge nos enseña que debemos referirnos a las múltiples formas de representación democrática, por lo que la representación democrática no debe concebirse como un concepto monolítico. Además, lo que está muy claro es que la representación democrática ya no debe tratarse como una simple relación entre funcionarios electos y electores dentro de su distrito electoral. La representación política ya no debe entenderse como una simple relación principal-agente; ni siquiera debería tener una base territorial. Las circunscripciones (distritos electorales), no deberían construirse en función de dónde viven los ciudadanos (Rehfeld, 2005).

IV. EVOLUCIÓN DEL CONCEPTO DE REPRESENTACIÓN POLÍTICA

Ha habido avances importantes en la teorización del concepto de representación política a poner en tela de juicio la forma tradicional de pensar la representación política como una relación de agencia. Las recomendaciones giran, de manera general, en visualizar la actividad de representación a la luz de las experiencias de grupos históricamente desfavorecidos y entender la representación como "mediación". En particular, Williams (1998) identifica tres dimensiones diferentes de la vida política que los representantes deben "mediar": la dinámica de la toma de decisiones legislativas; la naturaleza de las relaciones entre legisladores y constituyentes; y la base para aglomerar a los ciudadanos en grupos representativos. Explica cada aspecto utilizando un tema correspondiente (**voz**, **confianza** y **memoria**). Su trabajo se funda en las experiencias de grupos marginados en los Estados Unidos de América. Sobre la base de las experiencias de las mujeres estadounidenses que intentan obtener la ciudadanía igualitaria, Williams argumenta que los grupos históricamente desfavorecidos necesitan una "**voz**" en la toma de decisiones legislativas.

La calidad "muy deliberativa" de las instituciones legislativas requiere la presencia de individuos que tengan acceso directo a perspectivas históricamente excluidas.

Williams explica cómo los representantes deben mediar en la relación representante constituyente para generar "**confianza**". Para Williams, la confianza es la piedra angular de la responsabilidad democrática. Williams muestra los patrones consistentes de traición de los afroamericanos por parte de ciudadanos blancos privilegiados que les dan una buena razón para desconfiar de los representantes blancos y de las propias instituciones. Para Williams, las relaciones de desconfianza pueden ser "al menos parcialmente reparadas si el grupo desfavorecido está representado por sus propios miembros" (1998, 14). Finalmente, la representación implica mediar en cómo se definen los grupos. Los límites de los grupos según Williams están parcialmente establecidos por experiencias pasadas, lo que Williams llama "**memoria**". Tener ciertos patrones compartidos de marginación justifica ciertos mecanismos institucionales para garantizar la presencia.

La autora ofrece su comprensión de la representación como mediación como un complemento de lo que ella considera la concepción tradicional de la representación liberal. Identifica dos hilos en la representación liberal. El primero lo describe como el "ideal de representación justa como resultado de elecciones libres y abiertas en las que cada ciudadano tiene un voto igualmente ponderado". El segundo hilo es el pluralismo de grupos de interés, que Williams describe como la "teoría de la organización de intereses sociales compartidos con el propósito de asegurar la representación equitativa ... de esos grupos en las políticas públicas" (1998, 57). Juntos, los dos hilos proporcionan un enfoque coherente para lograr una representación justa, pero la concepción tradicional de la representación liberal como compuesta simplemente por estos dos hilos es inadecuada. En particular, Williams critica la concepción tradicional de la representación liberal por no tener en cuenta las injusticias que sufren los grupos marginados en los Estados Unidos. Por lo tanto, Williams expande las cuentas de la representación política más allá de la cuestión del diseño institucional y, en consecuencia, desafía a quienes entienden la representación como simplemente una cuestión de procedimientos formales de autorización y responsabilidad.

V. ÁREAS DE OPORTUNIDAD DE ESTUDIO

Hay tres problemas persistentes asociados con la representación política. Cada uno de estos problemas identifica un área potencial de investigación. El primer problema es el diseño adecuado para las instituciones representativas dentro de las políticas democráticas. La literatura teórica sobre representación política ha prestado mucha atención al diseño institucional de las democracias, pero no a la representación. Específicamente, los teóricos políticos han recomendado desde la representación proporcional hasta los jurados ciudadanos (Luque, 2005; Parsons, 2007)). Sin embargo, con el creciente número de estados que pretenden ser democráticos, es probable que seamos testigos de una mayor variación entre las diferentes formas de representación política. En particular, es importante tomar consciencia de cómo los regímenes híbridos y no democráticos pueden adoptar instituciones representativas para consolidar su poder sobre sus ciudadanos. Usar la democracia como vehículo para llegar al poder y luego tratar de cambiar las reglas democráticas. Es probable que haya mucho debate sobre las ventajas y desventajas de adoptar instituciones representativas.

Esto conduce a una futura segunda línea de investigación: las formas en que los ciudadanos democráticos pueden ser marginados por instituciones representativas. Este problema se articula más claramente en la discusión sobre las dificultades que surgen al representar una persona a muchas. Las instituciones representativas pueden incluir las opiniones, perspectivas e intereses de algunos ciudadanos a expensas de marginar las opiniones, perspectivas e intereses de otros. Por lo tanto, un problema con las reformas institucionales destinadas a aumentar la representación de los grupos históricamente desfavorecidos es que tales reformas pueden y a menudo disminuyen la capacidad de respuesta de los representantes. Cualquier disminución en la obligación de rendir de cuentas es especialmente preocupante, dadas las formas en que los ciudadanos son vulnerables a sus representantes. De ahí que esta línea de investigación examinaría las formas en que las instituciones representativas marginan los intereses, opiniones y perspectivas de los ciudadanos democráticos. En particular, es necesario reconocer los prejuicios sobre las instituciones representativas. Aunque siempre se ha notado un sesgo de clase en ellas, hay poca discusión sobre cómo mejorar la representación política de los desencantados o frustrados o indiferentes hacia la política; es decir, la representación política de aquellos ciudadanos que no tienen la voluntad, el tiempo, recursos políticos o que se sienten engañados, para participar en la política. La ausencia de tal discusión es particularmente evidente en la literatura sobre representación descriptiva, el área que más se preocupa por los ciudadanos desfavorecidos. Ningún teórico (no se encontró referencia alguna) ha articulado cómo se debe hacer esta integración y una política de presencia. No está claro cómo contrarrestar el sesgo que prevalece en las instituciones representativas nacionales e internacionales ante esta indiferencia.

Una tercera área de investigación involucra la relación entre representación y democracia. Históricamente, se consideraba que la representación está en oposición con la democracia (ver a Dahl (1989); y Rodríguez (1996) para una visión histórica del concepto de representación). En comparación con las formas directas de democracia que se encuentran en las antiguas ciudades-estado, especialmente en Atenas, las instituciones representativas parecen ser pobres sustitutos de las formas en que los ciudadanos se gobernaron activamente.

Barber (1984) argumentó que las instituciones representativas se han opuesto a una democracia fuerte. Por el contrario, casi todos están de acuerdo en que las instituciones políticas democráticas son representativas.

Bernard Manin (1998) nos recuerda que la asamblea ateniense, tomada a menudo como ejemplo de formas directas de democracia, tenía poderes limitados. Según Manin, la práctica de seleccionar magistrados por sorteo es lo que separa a las democracias representativas de las llamadas democracias directas. En consecuencia, Manin argumenta que los métodos de selección de funcionarios públicos son cruciales para comprender lo que hace que los gobiernos representativos sean democráticos. Identifica cuatro principios distintivos del gobierno representativo: 1) los que gobiernan son nombrados por elección a intervalos regulares; 2) la toma de decisiones de quienes gobiernan conserva un grado de independencia de los deseos del electorado; 3) quienes están gobernados pueden expresar sus opiniones y deseos políticos sin que estos estén sujetos al control de quienes gobiernan; y 4) las decisiones públicas se someten al juicio del debate. Para Manin, las prácticas democráticas históricas ofrecen lecciones importantes para determinar si las instituciones representativas son democráticas.

Es claro que las instituciones representativas son componentes institucionales vitales de las instituciones democráticas, pero se necesita decir mucho más sobre el significado de la representación democrática. En particular, es importante no presumir que todos los actos de representación son igualmente democráticos. Después de todo, no todos los actos de representación dentro de una democracia representativa son necesariamente casos de representación democrática. Existen formas antidemocráticas en que los miembros de la burocracia pueden representar a los ciudadanos. A manera de ejemplo, se pueden señalar los organismos autónomos reconocido por la Constitución mexicana. Del mismo modo, no está claro si un representante que busca activamente desmantelar las instituciones democráticas está representando democráticamente, comparece ser la situación actual en México. ¿La representación democrática requiere representantes para promover las preferencias de los ciudadanos democráticos o requiere un compromiso con las instituciones democráticas? En este punto, las respuestas a tales preguntas no están claras. Lo cierto es que es probable que los ciudadanos democráticos no estén de acuerdo sobre lo que constituye la representación democrática, como lo indican algunos índices de medición ciudadana (Corporación Latinobarómetro, 2019).

Un enfoque popular para abordar los diferentes y conflictivos estándares utilizados para evaluar a los representantes dentro de las políticas democráticas, es simplemente equiparar múltiples estándares con los democráticos. Específicamente, se argumenta que las normas democráticas son pluralistas y se ajustan a las diferentes normas que poseen y utilizan los ciudadanos. Los teóricos que adoptan este enfoque no especifican la relación adecuada entre estos estándares. Por ejemplo, no está claro cómo los estándares que Mansbridge identifica en las cuatro formas diferentes de representación deben relacionarse entre sí. ¿Importa si las formas de representación promisorias se reemplazan por formas de representación sustitutas? Se puede encontrar una omisión similar en Pitkin: aunque Pitkin especifica que existe una relación unificada entre las diferentes visiones de representación, ella nunca describe cómo interactúan las diferentes visiones. Esta omisión refleja las lagunas en la literatura sobre cómo la representación formalista se relaciona con la representación descriptiva y sustantiva. Sin tal especificación, no es evidente cómo los ciudadanos pueden determinar si tienen poderes adecuados de autorización y responsabilidad.

No está claro exactamente qué hace que cualquier forma de representación sea consistente, y mucho menos consonante con la representación democrática. ¿Es la sinergia entre las diferentes formas o deberíamos examinar la representación descriptiva de forma aislada para determinar las formas en que puede socavar o mejorar la representación democrática? Una tendencia es equiparar la representación democrática simplemente con la existencia de estándares fluidos y múltiples (plurales). Aunque el pluralismo proporciona una justificación para las instituciones democráticas, no es posible presumir que todas las formas de representación son democráticas, ya que las acciones de los representantes pueden usarse para disolver o debilitar las instituciones democráticas. Esta área de investigación giraría sobre la articulación entre las diferentes formas de representación y las formas en que estas formas pueden socavar la representación democrática.

VI. FUENTES DE INFORMACIÓN

Annunziata, R. (2014). Más allá de la promesa electoral. Repensar la representación en Argentina. *Sudamérica: Revista de Ciencias Sociales, 0*(3), 137-154. Recuperado de http://fh.mdp.edu.ar/revistas/index.php/sudamerica/article/view/1055.

Barber, B. (1984). *Strong Democracy*. University of California Press.

Bobbio, N. (2005). *El futuro de la democracia*. Fondo de Cultura Económica.

Bobbio, N. (2006). *Liberalismo y democracia*. Fondo de Cultura Económica.

Brunet, P. (2012). Acerca del concepto de representación política. *Revista Internacional de Pensamiento Político*. (*I*)7, 245-261.

Burke, E. (1790-1887). *The Works of the Right Honourable Edmund Burke*, J. C. Nimmo (ed.). Vol. 02 (of 12). Edición de Kindle.

Casas, E. (2009). Representación política y participación ciudadana en las democracias. *Revista mexicana de ciencias políticas y sociales, 51*(205), 59-76. Recuperado de: http://www.scielo.org.mx/scielo.php?script=sci_arttext&pid=S018519182009000100004&lng=es&tlng=es.

Cebrián, E. (2013). *Sobre la democracia representativa: un análisis de sus capacidades e insuficiencias*. Prensas de la Universidad de Zaragoza.

Corporación Latinobarómetro. (2019). *Latinobarómetro 2018*. Corporación Latinobarómetro.

Recuperado de: http://www.latinobarometro.org/lat.jsp.

Dahl, R. (1992). *La democracia y sus críticos.* Paidós.

Ferrara, A. (2014). *El horizonte democrático. El hiperpluralismo y la renovación del liberalismo político.* Antoni Martínez Riu (trad.). Herder.

Flórez, J. (2015). *Todo lo que la democracia no es y lo poco que si: Defensa de una concepción democrática realista.* Universidad Externado de Colombia.

Grant, R. y Keohane, R. (2005). Accountability and Abuses of Power in World Politics. *American Political Science Review, 99* (1), 29-43. Recuperado de: https://scholar.princeton.edu/sites/default/files/rkeohane/files/apsr_abuses.pdf.

Gurza, A. (2017). Más allá de la paradoja en Pitkin. Por una concepción dual de la representación. *Andamios, 14*(35), 123-157. Recuperado de: http://www.scielo.org.mx/scielo.php?script=sci_arttext&pid=S187000632017000300123&lng=es&tlng=es.

Losada, R. (2012). Los partidos y la representación política en proceso de cambio. *Civilizar. Ciencias Sociales y Humanas, 12*(23), 97-110. Recuperado de: http://www.scielo.org.co/scielo.php?script=sci_arttext&pid=S165789532012000200008&lng=en&tlng=es.

Luque, E. (2005). Jurados ciudadanos y organismos genéticamente modificados. *Revista Internacional de Sociología,* *63*(40), 231-246. doi: http://dx.doi.org/10.3989/ris.2005.i40.227

Hamilton, A., Madison, J. y Jay, J. (1952). "The Federalist". *Great Books of the Western World. Vol. 43 American State Paper.s The Federalist. J. S Mill.* Robert Maynard Hutchins (Editor In Chief). Encyclopaedia Britannica, Inc.

Manin, B. (1998). *Los principios del gobierno representativo.* F. Vallespín (trad.). Alianza Editorial.

Mansbridge, J. (2003). Rethinking Representation, *American Political Science Review, 97*(4), 515–528. DOI:10.1017/S0003055403000856

Mansbridge, J. (2009). A "Selection Model" of Political Representation. *The Journal of Political Philosophy. 17*(4), 369-398. https://doi.org/10.1111/j.1467-9760.2009.00337.x Mill, J.S (1861-1985). *Del gobierno representativo.* Editorial tecnos.

Palazzo, G. (2017). La representación discursiva del lugar sociopolítico de los jóvenes en Argentina. El caso del "voto joven". *Cultura y representaciones sociales, 11*(22), 249-277. Recuperado de: http://www.scielo.org.mx/scielo.php?script=sci_arttext&pid=S200781102017000100249&lng=es&tlng=es.

Parsons, W. (2007). *Políticas Públicas. Una introducción a la teoría y la práctica del análisis de políticas públicas.* CLACSO.

Pennock, J. y Chapman, J. (eds.) (1968). *Representation.* Atherton Press.

Pitkin, H. (1985). *El concepto de representación.* R. Montoro Romero (trad.). Centro de Estudios Constitucionales.

Rehfeld, Andrew 2006. Towards a General Theory of Political Representation. *The Journal of Politics,* 1(68), 1–21.

Rodríguez, A. (1996). *Lo claroscuro de la representación política. Una visión jurídica política contemporánea.* UNAM-IIJ.

Sartori, G. (1999). En defensa de la representación política. *Claves de la Razón Práctica,* 1(91), 2-6.

Saward, M. (2009). "Authorisation and Authenticity: Representation and the Unelected".

Journal of Political Philosophy, 17 (1): 1-22. https://doi.org/10.1111/j.14679760.2008.00309.x

Schmitt, K (1982). *Teoría de la constitución.* F. Ayala (trad.). Alianza Editorial.

Schwartz, N. (1988). *The Blue Guitar: Political Representation and Community.* University of Chicago Press.

Warren, M. y Castiglione, D. (2004). The Transformation of Democratic Representation, *Democracy and Society, 2*(1), 5–22.

Williams, M. (1998). *Voice, Trust, and Memory: Marginalized Groups and the Failings of Liberal Representation.* Princeton University.

El Sistema representativo en Michoacán durante la República Federal 1824-1835

The Representative System in Michoacán during the Federal Republic 1824-1835

JAIME HERNÁNDEZ DÍAZ[11]

SUMARIO: I. INTRODUCCIÓN. II. LA ADOPCIÓN DE LA REPÚBLICA FEDERAL Y REPRESENTATIVA. III. LA CIUDADANÍA. IV. LOS AYUNTAMIENTOS Y EL CONGRESO: PIEZAS CLAVE DE LA REPRESENTACIÓN POLÍTICA. V. LAS ELECCIONES. VI. LA REFORMA CONSTITUCIONAL Y LA REPRESENTACIÓN: 1830-1832. VII. CONCLUSIÓN. VIII. FUENTES DE INFORMACIÓN.

I. INTRODUCCIÓN

En nuestra época, el sistema representativo que se identifica con la democracia, está sujeto a un conjunto de revisiones tendientes en lo fundamental a ampliar sus horizontes a través de los mecanismos de consulta para la toma de decisiones, elaboración de leyes, revocación de mandato y plebiscitos entre otros aspectos, situación que ocupa la atención de las diversas fuerzas políticas. Por supuesto, Michoacán no escapa a estas preocupaciones, por ello, considero de gran utilidad

---

11 Doctor en Ciencias Sociales. Profesor-Investigador titular "C" UMSNH. Facultad de Derecho y Ciencias Sociales y Facultad de Historia.

para emprender nuevas acciones, conocer los orígenes y los retos que enfrentó en nuestra entidad la incorporación de la representación política, hacerlo no solo por un conocimiento erudito, se trataría más bien de aprender de las experiencias vividas para proyectar mejor las nuevas instituciones.

El presente ensayo de carácter histórico político tiene como objetivo presentar y examinar brevemente algunas de las características del sistema representativo en el estado de Michoacán durante la primera república federal. El estudio de la vida política de este periodo tanto a nivel nacional como local se inscribe dentro de la etapa del primer liberalismo hispanoamericano como lo analiza Ivana Frasquet, siguiendo en lo fundamental el modelo gaditano (Frasquet, 2016), fenómeno político que se proyectó hasta los primeros momentos de la construcción del Estado nacional en México, por ello la república federal mexicana durante el periodo de 1824-1835 representa igualmente un momento de debate e intentos de redefinición del modelo adoptado en sus inicios. (Chust, Serrano, 2019). En éste breve ensayo parto de la concepción de que los principios del gobierno representativo, el constitucionalismo, la división de poderes y las elecciones son parte de esa experiencia política mexicana durante el siglo XIX (Aguilar, 2010). Interesa sobre todo, dejar explicito el diseño de las instituciones políticas en la Constitución Política del Estado Libre y Federado de Michoacán, promulgada en 1825, basado en la división de poderes y la incorporación del régimen constitucional de los ayuntamientos, apoyaré además este análisis con la utilización de las primeras leyes electorales aprobadas y actas de elecciones municipales y de la renovación del Congreso michoacano que dan prueba de su aplicación. Por otra parte, se explica la adopción de un sistema de gobierno representativo de gran calado basado en una amplia cobertura de los derechos políticos a los ciudadanos, situación que una fuerza política intentó restringir sin éxito en un proyecto de reforma constitucional entre 1830-1835, momento en el que se volvió a imponer la idea de que los derechos políticos no deberían estar sujetos al requisito de propiedad. Los michoacanos, recogiendo el sistema electoral gaditano, adoptaron el mecanismo de elección indirecta en tercer grado para renovar el Congreso, y en segundo grado para el de la elección de ayuntamientos. En consecuencia, en el primer caso se integraban juntas electorales primarias, secundarias y del Estado, y en el segundo, juntas primarias y secundarias. Esto significaba la utilización del sufragio indirecto, consistente en que el ciudadano que acudía a sufragar no emitiría su voto directamente por quienes aspirasen a ocupar los cargos motivo de la elección, sino por un elector intermedio, quien a su vez emitiría su voto para la elección definitiva. A partir de 1825, los ciudadanos habrían de acostumbrarse a las elecciones como método de representación política; acudirían a las mesas electorales el primer domingo de diciembre a elegir a sus electores primarios; harían de sus electores primarios los depositarios de la voluntad general llamados a decidir la composición de los cabildos de la entidad, mismos que posteriormente el tercer domingo del mismo mes, elegirían a los integrantes de los ayuntamientos ya que los alcaldes se renovarían en su totalidad anualmente y los regidores y síndicos por mitad.

Las instituciones del gobierno representativo que fueron adoptadas entre 1824-1825 en la Constitución Política del Estado de Michoacán: gobierno municipal, Congreso, ciudadanía y elecciones que se encontraban en la base de su organización estuvieron sujetas a un debate y revisión al poco tiempo, además de que su instrumentación se realizó en medio de una crisis política en la que se ensayaban otras formas que intentaban desplazar las formas pacificas e institucionales para arribar al poder. Entre 1830-1835 se proyectó una profunda reforma constitucional que abarcaba varios aspectos, entre ellos de manera central restringir los derechos políticos de la ciudadanía a través del requisito de propiedad, incorporar un procedimiento electoral más riguroso en la Constitución y ajustar los ayuntamientos además de revisar la administración de justicia, cuestión que no será motivo de atención en este ensayo. Este debate político quedó consignado en actas del Congreso, archivos municipales y en la prensa que circulaba en Michoacán y por supuesto en leyes y la Constitución junto con las propuestas de reforma a la misma, lo que en su conjunto nos permite conocer la intensidad que asumió el debate y lo difícil que fue el inicio de la vida de nuestras instituciones.

II. LA ADOPCIÓN DE LA REPÚBLICA FEDERAL Y REPRESENTATIVA

Es bastante conocido que el sistema representativo en el mundo hispano se inició en las postrimerías del antiguo régimen con la aplicación de la Constitución de Cádiz a partir de 1812. La experiencia gaditana en Michoacán fue breve, sin embargo, tiene una enorme trascendencia en la vida política y las experiencias adquiridas en las elecciones municipales, y en la instalación de la diputación provincial, (Juárez, 2008, 2017) hicieron ver a los diversos actores políticos, la importancia de las elecciones y la renovación del poder que tradicionalmente habían controlado el ayuntamiento de Valladolid con las autoridades españolas, y generó una amplia amplía expansión de ayuntamientos. Sin duda está breve experiencia preparó la irrupción del sistema representativo en Michoacán en la vida republicana.

Ya en la vida independiente y ante la crisis del Imperio de Iturbide, la provincia de Valladolid, se unió al Plan de Casa Mata que derivó en la caída de Iturbide, y en su momento se pronunció a favor de la instauración del sistema republicano y federal. La Acta Constitutiva de la Federación Mexicana marcó el fin de la antigua organización política de la provincia de Valladolid de Michoacán y el nacimiento formal del Estado de Michoacán como una entidad más de la federación, independiente, libre y soberano. (Hernández ,2003) El debate nacional había definido en la Acta Constitutiva y la Constitución de 1824 que las entidades organizarían libremente todo lo concerniente a su régimen interior, y fueran encargadas de regular la actividad electoral para lo que conformarían su Congreso Constituyente encargado de elaborar su constitución local.

Una vez adoptado el federalismo, el Congreso nacional el 8 de enero de 1824 emitió una ley general para establecer las legislaturas en los lugares que aún no contaban con ellas, Guanajuato, México, Michoacán, Puebla de los Ángeles, Querétaro, San Luis Potosí y Veracruz, éstas de conformidad con esta ley se integrarían en esta ocasión con al menos 11 diputados y a lo más 21 en calidad de propietarios y no menos de cuatro suplentes, ni más de siete.(Dublán y Lozano, 1876, t. I pp. 690-692) Decreto que dio a conocer en Michoacán el jefe político Antonio de Castro. Seguirían esta elección las disposiciones dispuestas en la ley general de convocatoria del 17 de junio de 1823. El jefe político estableció las fechas del proceso electoral, las juntas primarias se celebrarían el Domingo 15 de febrero de 1824, las secundarias el domingo 22 y las de provincia después de 22 días de tal manera que los electores secundarios deberían estar en Valladolid 5 o 6 días antes del 14 de marzo para celebrar la junta de provincia. (Coromina, 1886, t. I, pp. 9, 10) La diputación provincial estableció que se deberían elegir 17 diputados, 11 titulares y 6 suplentes, elección llevada a cabo el día 14 de marzo en el aula general del Colegio Seminario en el que se reunieron 37 electores secundarios que procedieron a nombrar a 11 diputados propietarios y seis suplentes. (Actas, 1975) Los diputados michoacanos representaban en lo fundamental a una elite muy activa políticamente, misma que había expresado en los últimos años sus aspiraciones de contar con un gobierno autónomo, se manifestaba deseosa de organizar un gobierno que se correspondiera con los nuevos valores liberales que en términos generales compartían, no obstante, tenían diversas apreciaciones sobre su concreción en el Estado de Michoacán.

El Congreso Constituyente tenía como objetivo fundamental diseñar las instituciones fundamentales del sistema representativo en la entidad y dejarlas establecidas en la Constitución y las leyes reglamentarias, así como los conceptos principales para su funcionamiento, ciudadanía, elecciones, ayuntamientos y Congreso. De las instituciones descritas, los ayuntamientos y el Congreso tenían que renovarse a través de un mecanismo periódico y novedoso para la población: las elecciones. La imagen que se tenía de esta actividad durante la primera república federal, por lo menos en Michoacán, resultó ser bastante contradictoria: mientras que para algunos sectores representaban la culminación del ideal democrático y la coronación del viejo anhelo de la representación ciudadana en los órganos de poder, para otros grupos encarnaban una fuente del desorden, la corrupción, la compra de votos y, en general, de todo tipo de artimañas para arribar al poder.

III. LA CIUDADANÍA

En la base de la arquitectura de la representación se encontraba el concepto de ciudadanía. Debemos resaltar que en los inicios del sistema no se establecieron mayores restricciones para su ejercicio siguiendo en lo central el modelo gaditano, aunque todo indica que no fue solo eso, era el pleno convencimiento de la mayoría del grupo gobernante de la necesidad de contar con amplios derechos políticos para el mayor número posible de la población, les parecía suficiente con la edad, la vecindad, el domicilio, contar con un oficio, se dejó de lado a los empleados domésticos aunque no se incluyó dentro de estos a los jornaleros y trabajadores de las haciendas y no estar sancionado penalmente. Esto permitió a un amplio sector de la población interesarse en la vida política. Esta visión quedó incorporada en los artículos preliminares de la Constitución de 1825. (Constitución, 2002) No obstante este aspecto central se cuestionó de manera temprana, un sector importante de la clase política responsabilizaba el haber otorgado estos amplios derechos a la población y consideraba que un buen número poco o nada aportaba en la solución de los problemas y por ello impulsaron como eje fundamental de una reforma constitucional incorporar a la propiedad como elemento central para contar con derechos políticos, como veremos más adelante. Ahora bien hay que dejar bien claro que este intento no prosperó gracias al propio mecanismo de reforma constitucional adoptado, ya que se requería la aprobación de dos legislaturas una en calidad de iniciada y otra con la facultad de conocerla y en su caso aprobarla, de tal forma, sí bien la III legislatura reestructurada en 1830 la aprobó, eso no ocurrió con la IV legislatura, en 1832, ello además del complejo proceso que vivió la reforma constitucional. Al rechazarse o no contar con la mayoría calificada de la IV legislatura todo lo que había diseñado para la reforma al congreso y en materia de elecciones se vino abajo como veremos más adelante.

Esta propuesta de incorporar a la propiedad como requisito de ciudadanía no era compartido por un amplio sector de la clase política, por ello esta propuesta enfrentó a las dos facciones políticas que disputaban el poder en la entidad y así lo dejaron escrito en la prensa por una parte *El Astro Moreliano* expresaba la opinión de los Yorkinos, opositores a la propuesta aunque fueron desplazados del poder y por la otra *El Michoacano Libre* que se convirtió en el vocero del grupo dominante que impulsaba dicha reforma.

IV. LOS AYUNTAMIENTOS Y EL CONGRESO, PIEZAS CLAVES DE LA REPRESENTACIÓN EN LA ENTIDAD

La organización municipal en la provincia de Valladolid durante el antiguo régimen se reducía a la existencia de pocos ayuntamientos, hasta 1810 funcionaban los de Tzintzuntzan, Valladolid, Pátzcuaro, y los de las Villas de Zamora y Zitácuaro como resultado de privilegios reales. Con motivo de la aplicación nuevamente de la Constitución de Cádiz, para el año de 1822 Lejarza consigna la existencia de 91 ayuntamientos, (Lejarza, 1974, Tablas17) además del constante forcejeo de algunos pueblos para constituirse como tales. (Chávez, 2011,2014). Con motivo de la aplicación de la Constitución de Cádiz como ya mencioné se celebraron elecciones en Valladolid, tanto en su primera etapa como en su segunda, pero sería en ésta cuando tuvo un impacto espectacular al constituirse más de noventa corporaciones municipales lo que muestra un claro ejemplo del influjo que tuvieron, fenómeno que se inscribe en lo que se ha denominado la revolución municipal. (Annino, 1995) esto explica que el Congreso Constituyente como una de sus primeras medidas halla expedido el 24 de enero de 1825, el *Reglamento para el establecimiento y organización de los ayuntamientos,* (Coromina, T. I 1886, pp. 63-73) Este Reglamento inició un proceso de disminución de estas corporaciones aumentando de mil a cinco mil almas el requisito básico poblacional para su establecimiento, determinó igualmente que se integrarían de dos alcaldes, cinco regidores y un procurador síndico y las poblaciones que rebasaran esta cantidad de habitantes se compondrían de dos alcaldes, ocho regidores y dos procuradores. La organización de ayuntamientos electivos y constitucionales representan uno de los cambios más profundos del sistema representativo en Michoacán, ofrece una imagen contradictoria, por una parte su multiplicación expresa lo atractivo que fue esta institución para los pueblos michoacanos, en contraste la clase política cuestionaba sus insuficiencias administrativas y la falta de personas que supieran leer y escribir para desempeñar sus cargos. No obstante, en adelante los municipios serían un espacio de representación sin el cual no se entiende la vida política de Michoacán, vale la pena destacar igualmente que este fenómeno impactó la organización de los pueblos indígenas, mismos que en su inmensa mayoría recibieron bien la organización municipal aunque generó procesos de modificación con respecto a los pueblos subalternos en un reacomodo que generó igualmente tensiones. Los ayuntamientos serán a partir de ese momento parte del nuevo panorama político de la entidad.

Los ayuntamientos constitucionales ofrecen visiones contrapuestas. Desde su instalación masiva fueron sujetos de duras críticas por parte de la elite gobernante, se les calificaba de inoperantes, dirigidos por sujetos incapaces que muchas de las veces no sabían leer y escribir, prácticamente desde la época de la diputación provincial se percibe esta crítica (Actas, 1976), misma que se sostuvo a lo largo de los años como puede apreciarse en las Memorias de Gobierno de 1827 a 1830 (Castro,1827;Pimentel,1828; Macedo, 1829; Domínguez, 1830), sin embargo el interés por contar con esta corporación fue manifiesto desde los primeros años, en contrapartida fue persistente el deseo de reducirlos y en la reforma constitucional mencionada anteriormente se pretendía sustituirlos en algunos casos por juntas municipales y dejarlos únicamente en las cabeceras de partido, propuesta que finalmente no prosperó. Uno de los aspectos menos estudiados de los ayuntamientos eran las facultades en la administración de justicia por parte de sus alcaldes a quienes se les asignaron funciones de jueces de primera instancia, quizá sea este uno de los aspectos más delicado y complicado, que ocasionaba las críticas por su mal funcionamiento, sin embargo en cuanto a organismos representativos de la población adquirieron una gran presencia y se convirtieron en actores políticos de primera línea, se les veía como parte fundamental de la soberanía popular. Las dificultades para el funcionamiento óptimo de las instituciones del gobierno representativo en este periodo se asocian a la amplitud de derechos políticos otorgados. Sin embargo, tal situación no parece ser del todo cierta pues más bien la crisis de las instituciones en Michoacán se encuentra asociada a la expulsión de los españoles.

Por otra parte, se le concedió una gran importancia al Congreso local, este organismo inició sus actividades con el objetivo fundamental de elaborar la Constitución del Estado. El número de diputados que deberían de integrar el Congreso, fue uno de los temas más importantes que se discutieron tanto en el seno del Congreso Constituyente como en la reforma emprendida. La Constitución de Michoacán de 1825, dedicó el titulo primero al poder legislativo, definió que éste poder se depositara en el Congreso compuesto de diputados elegidos de un modo indirecto por el pueblo. Su número se arreglaría a la población, se nombraría uno por cada 25 000 almas o por una fracción que excediera a la mitad de ésta base, misma que únicamente podría variarse en el caso de que no se diere el número de quince que sería el mínimo del que debería constar el Congreso y por cada dos propietarios se nombraría un suplente. Sin embargo este artículo no tendría vigencia durante el primer sexenio de vida de la Constitución, en este periodo, sin bajar de 15 que era el mínimo, podría aumentarse hasta 21, cualquiera que fuese la población según lo juzgaran las legislaturas, por tanto, cada legislatura fijaría el número y reglamentaria la elección de diputados para la siguiente. El Congreso se renovaría cada dos años, en el año que corresponda en el último domingo del mes de mayo. (Constitución, 2002) Me interesa presentar sintéticamente algunos aspectos del debate en el Congreso mismos que ayudan a conocer las ideas de los diputados y el papel trascendente que le otorgaban al Poder Legislativo, en el debate se advierten diversas concepciones acerca de este cuerpo y de la representación. Entre febrero y marzo de 1825 se discutió en el Congreso Constituyente el título correspondiente a éste poder, destaca el debate que se dio en cuanto a la composición del mismo y el criterio a utilizar en la elección de diputados. El proyecto presentado establecía que la base de la elección sería la población y dejaba que una ley reglamentaria precisara del número de diputados, proponían que la Constitución señalara únicamente un mínimo y un máximo que serían quince y veintiuno respectivamente.

Al discutirse que el Poder Legislativo se depositaría en un Congreso compuesto por diputados elegidos de un modo indirecto por el pueblo, se suscitó una leve discusión, pero muy significativa. En la sesión del 28 de febrero de 1825 el diputado Rayón propuso que se dijera que los diputados "serían nombrados por los ciudadanos del Estado, pues estos son los únicos que eligen a los diputados" (Actas, 1975, T. II, p. 141) La intervención la argumentó de la siguiente manera: "le parecía no se usaba con propiedad en este lugar de la palabra *residirá* que propone la Comisión para denotar en quiénes ha de estar el Poder Legislativo". Extrañó asimismo que se dijera que por el pueblo han de ser elegidos los diputados. Respecto de lo primero, propuso: que en lugar de la palabra residirá, se colocara se *deposite*, etc., y en orden a lo segundo que se diga nombrados por los ciudadanos del estado, pues éstos son los únicos que eligen a los diputados. (Actas, 1975, T. II, p. 141) El diputado Villaseñor defendió el uso del vocablo pueblo para referirse a la elección de los diputados afirmaba que así se destacaba el que los estos serían "elegidos por el pueblo porque en el pueblo reside la soberanía y este es el único acto en que la ejerce inmediatamente"; pensaba que al substituir en lugar de la palabra pueblo generalmente usada en todas las Constituciones, por "la expresión de ciudadanos, como indica el señor presidente, parecería que acaso se le defraudaba al pueblo sus prerrogativas." (Actas, 1975, T. II, p. 141) El presidente del Congreso en turno José Ma. Rayón, ratificó su opinión en el sentido que sí el artículo no se redactaba como había indicado "se creerá cualquiera individuo autorizado para elegir, aunque no esté en el ejercicio del derecho de ciudadano, porque alegará que él pertenece al pueblo, y que el pueblo es el que ha de hacer la elección" El artículo se aprobó sustituyendo la palabra residirá por se *deposita*, quedó aprobado en los siguientes términos "El Poder Legislativo del Estado se deposita en una Congreso compuesto de diputados elegidos cada dos años por el pueblo, debiendo ser la elección indirecta". (Actas, 1975, T. II, p. 141)

En esa misma sesión continuó la discusión en relación con la integración del Congreso en cuanto a su número y composición, la comisión inicialmente propuso un artículo muy sencillo que establecía que: "Para las elecciones y número de los diputados, servirá de base la población. Una Ley especificará las primeras, y fijará el segundo, que ni podrá bajar de quince, ni exceder de veintiuno". Al abrirse el debate correspondiente, el diputado presidente consideró que el artículo se quedaba muy corto ya que faltaban al decir de él, algunos elementos constitutivos, como la designación del número de almas que habría de servir de base para elegir a los diputados, que según ella deban nombrarse; la fracción que baste para el mismo nombramiento; y por último, cuántos suplentes deberían igualmente elegirse. (Actas, 1975, T. II, p. 142) La comisión que elaboró el proyecto expresó por conducto del diputado González los criterios que utilizó para la elaboración de la propuesta, el primero tenía que ver con una concepción acerca del número de diputados para evitar que el Congreso fuera muy pequeño y el segundo era más bien por las circunstancias económicas que vivía la entidad, en relación con el primer criterio seguían la recomendación de Jeremías Bentham quien afirmaba que un requisito para que una Asamblea fuese representativa era que contara con un número suficiente de diputados. Bentham sostenía que: se requerían cuatro condiciones para infundir a la nación una permanente confianza en una asamblea que se reputa representarla: 1ª. Una elección directa; 2ª. La amovilidad; 3ª. Ciertas condiciones para ser elector o elegible; 4ª. Un número proporcionado a la extensión del país, respecto del cuarto afirmaba: Pensaba que el número era una consideración central ya que el ejercicio del legislativo exigía unas prendas y virtudes especiales. "La legislación requiere una variedad de conocimientos locales, que no puede conseguirse más que un crecido cuerpo de diputados escogidos en todas las partes del Imperio. Es necesario que puedan conocerse y ventilarse todos los intereses". (Bentham, 2003, pp.531-533).

El diputado González expresó que la experiencia había manifestado la necesidad que había de aumentar hasta donde fuese posible el número de diputados para el mejor acierto en las deliberaciones del Congreso; por ello, la comisión había querido dejar en libertad a las futuras asambleas constitucionales, para que cuando variaran las circunstancias de la hacienda pública del Estado se pudiera aumentar el número de diputados, aun cuando la población no diera para la base el número suficiente de almas que a este fin previno en general que la población servirá de base para las elecciones; que en cuanto a los suplentes convenía, en que en efecto se hablase de ellos; pero que esta falta se subsanaría poniendo una adición al mismo artículo. El diputado presidente del Congreso consideró sin embargo que era indispensable decir en el artículo, que, por cada diez, veinte, o treinta mil almas, se habría de nombrar un diputado como lo hacía la federación, en caso de no hacerlo se omitiría un punto constitucional. (Actas, 1975, T. II, p. 142). Del debate se desprende que llegó a pensarse por algunos en tomar como base de la elección la división territorial de partidos independientemente del número de población como había adoptado Jalisco. Sin embargo, parece haberse generado consenso en torno al criterio de utilizar a la población como lo subrayaron los diputados Rayón y Pastor Morales. Este último sostuvo "que la base de la población es uno de los principios fundamentales del sistema republicano; y así es que a ésta se atiende para establecer los ayuntamientos, para designar el número de sus individuos, y también el de los electores" (Actas, 1975, T. II, p. 142), y, por consiguiente, se opuso al artículo en los términos que lo proponía la comisión, porque desde luego había en él una variación extraordinaria, que no tenía más ejemplo que

Jalisco. A lo que agregó el presidente del Congreso que era tan esencial la base de la población, que sin duda la misma comisión para consultar el número de diputados que no podría bajar de quince, ni exceder de veintiuno, la tuvo presente. (Actas, 1975, T. II, pp. 142, 143). Antes de concluir el análisis de este artículo el diputado Gonzáles volvió a intervenir y explicó en esta ocasión que el fin principal que tuvo la comisión para fijar el número de quince diputados, fue como dijo antes, el de no atar a los Congresos venideros para aumentarles cuando variaran las circunstancias del erario; que designándoles ahora la base en particular, seguramente no quedarían libres para aquella variación, porque los artículos constitucionales deben permanecer sin alteración todo el tiempo que les fije la misma Ley fundamental. (Actas, 1975, T. II, pp. 142, 143) Este punto sería uno de los aspectos fundamentales que abordó la reforma constitucional proyectada al iniciar la década de los treinta y que abordaremos más adelante.

Por otra parte, la Constitución garantizó el derecho a los diputados de no ser molestados por sus ideas y no podrían ser incomodados en ningún caso y en ningún tiempo por autoridad alguna por ellas, es decir, la inviolabilidad por sus opiniones. En el mismo sentido se le otorgó inmunidad en sus personas e intereses desde el día que tomaran posesión de su cargo hasta un mes después de haber terminado de sus funciones y únicamente podrían ser juzgados por el tribunal previsto por la Constitución después de que se declarara por el Congreso si procedía su formación de la manera establecida en el reglamento interior del mismo. En la actualidad este principio de fuero como inmunidad es motivo de algunas controversias, no obstante, en los orígenes del sistema republicano y constitucional se entendía como un mecanismo tendiente a garantizar el funcionamiento y el equilibrio entre los poderes y la inmunidad de los diputados se justificaba para garantizar la libertad parlamentaria que deberían tener. Se estableció que durante el tiempo que durara su encargo los diputados no podrían admitir para ellos o solicitar para otra pensión o empleo alguno del gobierno, ni tramitar ascensos que no fuesen de rigurosa escala en su carrera correspondiente.

V. LAS ELECCIONES

El sistema representativo adoptado colocaba a las elecciones en un lugar central, el voto se convirtió en el instrumento fundamental de la renovación de poderes, el procedimiento de elecciones indirectas en tres grados para la conformación del Congreso y dos grados para la elección de los ayuntamientos se consideraron como los más apropiados. Además, el estado de Michoacán era el que tenía que regular la elección de diputados federales y Senadores. El procedimiento electoral se estableció más que en sus líneas generales en la Constitución local y dejaba su regulación a través de convocatorias- ley que se emitían para cada elección, mismas que podían irse ajustando y mejorando. La imagen que se ofrece de las elecciones durante la primera república federal, por lo menos en Michoacán, resulta ser bastante contradictoria como ya lo señalé. La organización de las elecciones se situaba en el centro del diseño de la organización política del naciente estado, y ante la escasa información correspondiente a las primeras elecciones es posible utilizar el método planteado por José Carlos Chiaramonte para la revisión de las leyes electorales, considera que de su revisión se puede hacer inferencias sobre el modo en que se va transformando institucionalmente el sistema de representación y observar la evolución de los procedimientos electorales, la definición del elector, las atribuciones del representante elegido y la convivencia de jerarquías sociales tradicionales de tipo corporativo con una forma de representación de carácter individual moderna basada en el concepto de ciudadano. (José Carlos Chiaramonte, 1995, pp. 30, 31) Conviene recordar que al iniciarse el sistema republicano y federal en Michoacán se venían realizando ya al amparo de la Constitución de Cádiz elecciones municipales en Michoacán, en Valladolid por ejemplo en el mes de diciembre se llevó a cabo la renovación del ayuntamiento bajo el principio de elección indirecta en dos grados. Destaca que la organización de la misma descansó en el jefe político de la provincia Antonio de Castro, aunque el secretario y escrutadores de la mesa electoral fueron elegidos por los primeros ciudadanos que acudieron a votar, el 21 de diciembre de 1823, se celebraron en el portal de las casas consistoriales para dar cumplimiento al bando que se había publicado el día 18 del mismo mes, la jornada se llevó a cabo hasta las tres de la tarde, hora en la que ya no se presentó ninguna persona a sufragar, se eligieron 17 electores hombres destacados y que habrían de tener una participación muy activa en la vida política de la entidad en los años posteriores, Estos electores se reunieron el día 28 de diciembre de 1823 para elegir el ayuntamiento de 1824. (AHMM. 1824, Caja No. 162). Actividad semejante debió suceder en los ayuntamientos de la entidad que debería fungir el año de 1824 y ésta práctica se realizaba anualmente

Esto explica que el Congreso Constituyente expidiera rápidamente el reglamento sobre ayuntamientos ya mencionado, mismo que estuvo vigente a lo largo de la década de los veinte y fue la base para la realización de las elecciones municipales. Ahora bien, a los fines de este ensayo, es importante subrayar lo correspondiente al primer apartado denominado "Modo de elegir los Ayuntamientos" se disponía que estos serían elegidos por el vecindario de la municipalidad, el primer domingo del mes de diciembre se nombrarían los electores que habrían de designar el ayuntamiento. El alcalde primero sería el encargado de avisar a través de los medios que estuviesen en práctica, el día, hora y lugar en el que se habrían de verificar las elecciones. En la fecha que se señalara, el alcalde en público y tan luego como concurriesen diez y seis ciudadanos estos nombrarían dos escrutadores y un secretario a pluralidad de votos. El alcalde preguntaba a los presentes si alguien tuviera que exponer queja sobre cohecho o soborno y se resolvía en el acto, al igual tendría que resolver si existieran dudas sobre si concurriesen o no las cualidades requeridas para votar de algunos de los presentes. El reglamento hacía más énfasis en la organización de las elecciones que en definir las cualidades de los votantes, edad y otros requisitos, es posible que esta ausencia haya generado problemas. El presidente debería abstenerse de hacer indicaciones para que la elección recayera en alguna persona. Aspiraba a la imparcialidad y a evitar el uso o abuso de autoridad sobre los electores. Contemplaba que en caso de ser necesario se dividiría el territorio en secciones proporcionadas y los tenientes presidirían las juntas que se celebrasen fuera del lugar de residencia del ayuntamiento. Se elegiría un elector por cada quinientas personas, para ello se daba autoridad a los prefectos que previo informe de los subprefectos con los padrones en mano, definirían el número de electores que correspondía a cada municipalidad, el número máximo de electores sería de 20. Uno de los aspectos de mayor controversia a lo largo de la república federal fue el mecanismo adoptado para la votación, cada ciudadano al llegar la mesa presentaba una lista o diciendo de palabra los sujetos por los que votaba, a los individuos que no supiesen leer les sería leída ésta, preguntándoles sí estaban conformes con ella, estándolo se les admitirían, si no lo estuvieren, se reformarían en la parte que dijeran. La votación debería concluir antes de las oraciones de la noche y en seguida, el presidente, secretario y escrutadores harían la contabilidad de los votos quedando electos aquellos que reuniesen el mayor número y el tercer domingo del mes de diciembre se reunirían los electores designados presididos por el alcalde de la municipalidad para la elección del cuerpo municipal. (Coromina, 1886, T, I, pp. 63-73)

El sistema representativo fue recibido con gran beneplácito por la elite liberal, pero poco sabemos del entusiasmo y el grado de participación de la población en las elecciones.

Carecemos de estadísticas suficientes acerca de las primeras elecciones municipales en relación con el número de votantes que acudían, la documentación de la elección realizada el 7 de diciembre de 1828 para elegir Ayuntamiento de Valladolid, nos puede ayudar a conocerlas, ese día se realizaron elecciones primarias, se eligieron 18 electores, el que más obtuvo fue 766 sufragios, 17 de estos obtuvieron entre 714 votos y el máximo ya señalado. Sí la votación era principalmente por listas es posible que ese rango más o menos de ciudadanos se habían orientado por presentar su voto en planilla, es decir por una lista de aspirantes a ser electores. Está claro que se hacía proselitismo entre la población y se preparaban las listas, además necesarias para los que no supieran leer y escribir. Partimos del supuesto de que cada ciudadano podía votar por una o más personas, para este año además recordemos que ya se empezaban a configurar facciones o grupos que se disputaban tanto los poderes municipales como la representación ante el Congreso y la posibilidad de incidir en la designación del ejecutivo. En esa elección, otros 16 ciudadanos que no obtuvieron mayoría para ser electores, alcanzaron un rango de votación entre 64 a 76 votos, lo que podría entenderse representaba otra planilla, en este caso la que resultó perdedora, 5 electores obtuvieron cada uno dos votos y 24 de ellos un sufragio. Es posible hacer un cálculo de los ciudadanos que acudieron a sufragar, en este caso estimaría 871 votantes de manera conservadora. Es evidente que el aspecto de las listas era básico, en esa ocasión en la elección primaria el alcalde intentó limitar la presentación de las listas que se entregaban sin firma y señaló que era preciso trajesen cada lista por lo menos el nombre, sino la firma. A este requerimiento el licenciado Ortiz que estaba presente afirmó que tal artículo estaba derogado por el Congreso materializado en el decreto No. 11 expedido el 16 de septiembre de 1827, el cual mandó traer y presentó para justificar sus aciertos, por lo que siguieron recibiendo las listas sin firma y solo se les leía a los que no sabían hacerlo. (AHMM,

1827, Caja 181.). Este incidente demuestra la participación de los ciudadanos presentes en el funcionamiento de la junta primaria. Las elecciones municipales de Valladolid, reflejan los esfuerzos que hicieron los grupos dirigentes para garantizar la participación de los pueblos indígenas a través de sus Tenencias en la representación municipal, y eso se aprecia en la elección de electores primarios, por ejemplo en la elección celebrada en 1826 en diciembre para componer el ayuntamiento de Valladolid que fungiría en 1827 y se elegían los tenientes y substitutos de los pueblos de Santa María y Jesús del Monte, se les asignaban dos electores y en el caso de 1828 que no habían podido asistir a la junta electoral secundaria se suspendió la elección de los respectivos tenientes por unos días hasta que pudieran hacerlo.(AHMM, 1828, Caja 196) Pasando a analizar las elecciones del Congreso, podemos señalar que el procedimiento de votación fue muy parecido al señalado para los ayuntamientos, sin en embargo conviene indicar algunas de sus características de manera breve pues el espacio que dispongo impide extenderse en el análisis de la legislación electoral. La primera convocatoria-ley se publicó el 1° de agosto de 1824 y estaba destinada a regir la elección de diputados que representarían a los michoacanos ante el Congreso general que se instalaría el 1° de enero de 1825, esta ley marcó la pauta de las posteriores. (Coromina, 1886, T. pp. 23-31). Igualmente debemos tomar en cuenta que antes de la elaboración y promulgación de la Constitución Michoacana de 1825 el Congreso Constituyente local emitió la convocatoria-ley para la integración del primer congreso constitucional con fecha 28 de marzo de 1825; lo más significativo quizá consista en los artículos que catalogó con el carácter de constitucionales, mismos que contemplaban los requisitos para ser diputados y el número de legisladores que deberían integrar el Congreso, así como el mecanismo para realizar la elección del primer gobernador del Estado. Esto se puede explicar porque la discusión de los artículos de la Constitución se encontraba muy avanzada, no obstante, no culminaba aún, razón por la cual optaron por incorporar tan importantes requisitos en esta ley. Me parece que debería ser motivo de atención para el estudio de las elecciones el carácter que se le otorgaba a la junta primaría que se encontraba en la base de la actividad electoral, en realidad, estaba diseñada como una especie de asamblea de ciudadanos lo que debió llevar a problemas de funcionalidad, el artículo 19 establecía que la junta se componía de la reunión de los ciudadanos presentes, autorizada por su presidente, secretario y escrutadores, y no estos solos: así cualquier ciudadano de los que allí se hallaran, podían tener el uso de la palabra para resolver las dudas que se presentaren en torno a la capacidad de los votantes. (Coromina, 1886, T. pp. 81-90). Esta legislación estableció quienes podían ser electores primarios, estos deberían estar en el ejercicio de sus derechos, mayores de veinticinco años o de 21 siendo casados. Los ciudadanos de las villas, pueblos y ciudades del estado, en el mes de abril de cada dos años celebraban esta junta, destinada a seleccionar los electores primarios, mismos que el domingo siguiente, en la cabecera de partido, se reunirían para escoger a sus respectivos electores secundarios, quienes en fecha posterior, reunidos en la capital del estado, designaban a los 15 diputados propietarios y a los suplentes del propio Congreso local, a la vez que elaboraban las ternas para cuando correspondiera la elección de gobernador y vice-gobernador. La base de la organización de las elecciones recaía en los alcaldes, encargados de dar a conocer entre la población fecha, hora, día de su realización, se aprecia que se fue ampliando el plazo de difusión, de dos días iniciales a ocho. Es necesario subrayar una vez más que no se establecieron requisitos de carácter censitario para definir la ciudadanía y el derecho de voto como tampoco para ser elector secundario y diputado. Eso sí, a partir de 1827 se empezó a experimentar con mejorar los controles incorporando el uso de boletas y elaboración de un padrón en esta ocasión exclusivamente para la ciudad de Valladolid. (Coromina, 1886, T. II. pp. 82-92)

Al parecer, las primeras elecciones para renovar el Congreso local y gobernador sucedieron con normalidad y con participación aceptable de los ciudadanos, a juzgar por el ambiente en que transcurrieron en Valladolid (Morelia). Las elecciones del 29 de abril de 1827, convocadas para elegir 38 electores primarios, fueron presididas por el alcalde Manuel Alzúa; a las 8 de la mañana ya se encontraban reunidos en el portal de las casas consistoriales más de 20 ciudadanos, de entre los cuales se eligió como secretario a Vicente Santa María y como escrutadores, a Juan Corral, Joaquín Saavedra, Luis Cervantes Marañón y Francisco Sámano. Esa votación fue muy concurrida pues el acta consigna que se practicó hasta las ocho y media de la noche y el conteo de los votos se prolongó hasta las cuatro y tres cuartos de la mañana siguiente. Se eligieron 38 electores primarios, con un rango de votación el mayor de 1118 sufragios y el menor 496, que hace suponer fue la planilla ganadora expresada en las listas. Se pronunciaron por otros 54 candidatos a electores primarios de los cuales 35 obtuvieron una votación entre 290 máximo y 97 el menor y 18 entre 1 a 60 sufragios. Además, el licenciado Antonio Camacho a pesar de haber logrado 1013 votos fue declarado imposibilitado por ejercer jurisdicción eclesiástica en ese momento. Si aplicamos el mismo criterio con el que calculé la votación municipal tomando en cuenta que se votaba por listas que todo indica contenían planillas, en esa ocasión votaron alrededor de 1700 ciudadanos. (AHMM, 1827, caja 181)

VI. LA REFORMA CONSTITUCIONAL Y LA REPRESENTACIÓN: 1830-1832

El sistema representativo adoptado en 1825, fue objeto de duras críticas por un sector de la clase política, sobre todo a partir de 1830 tanto a nivel nacional como local, se cuestionaba sobre todo la amplitud de los derechos políticos otorgados a la población, se criticaba el papel que desempeñaban los ayuntamientos y se proponía elaborar nuevas bases electorales. En Michoacán, el grupo político que había desplazado del poder en 1830 a través de un golpe político al gobernador José Trinidad Salgado fue el encargado de proyectar y elaborar una reforma constitucional que revisara los aspectos antes señalados. El núcleo principal lo representaban eclesiásticos ligados al Seminario Tridentino de Morelia que habían escalado a posiciones en el Congreso del estado al reestructurarse la III Legislatura y en la IV. No obstante, el control que habían alcanzado en esta última, no lograron la mayoría calificada requerida por lo que podemos afirmar que en materia de representación política y ciudadanía fue una reforma constitucional fracasada. Sus principales impulsores sostenían que la Constitución de Michoacán dejaba ver "los inconvenientes a que están sujetas varias de sus disposiciones y los huecos que dejó el constituyente", y claro está sostenían que con sus iniciativas pretendían llenarlos, eso sí, sin dejar de reconocer la obra de los diputados constituyentes. (AHCM: III Legislatura). Proponían una reforma integral de la Constitución a través de la presentación de iniciativas por temas, que se pueden agrupar de la siguiente manera: 1) reforma a los artículos preliminares, que abordaba fundamentalmente los derechos políticos o de ciudadanía; 2) reforma al poder legislativo; 3) reforma al poder judicial; 4) reforma de la organización de los ayuntamientos; y 5) modificaciones a la organización de la hacienda pública. Dados los objetivos de este trabajo únicamente me referiré de una manera breve a las relativas a los derechos de ciudadanía ayuntamientos y Congreso. A diferencia de 1825, ahora el debate trascendió los umbrales del recinto del legislativo, la reforma se discutió ampliamente también en la prensa local a través de dos periódicos representativos de los grupos políticos de la entidad, *El Astro Moreliano* y principalmente *El Michoacano Libre.* Los impulsores de la reforma sin mencionar nombres dejaban entrever la influencia de las ideas de José María Luis Mora, mismo que sostenía en aquella época que el origen de los males políticos del país se encontraban en la amplitud de derechos otorgados, en la ausencia de una ley general electoral y la solución la encontraba en la incorporación del requisito de propiedad (Mora, 1830). Sus ideas principales fueron recogidas en el *Michoacano Libre,* por ejemplo, en la edición del 9 de mayo de 1830, se destacaba que el principal defecto que se apreciaba en nuestro sistema electoral era "haber prodigado este derecho, abriendo la puerta para votar a una multitud de personas que ni aún en grande tienen idea de la importancia y gravedad de este acto el más augusto que puede ejercer el ciudadano." (*El Michoacano Libre,* 1830 p.109) Dentro de las condiciones para ejercer el derecho de voto, consideraban que la primera era la edad, misma que garantizaba experiencia de sano juicio, de conocimiento profundo y reflexivo, por ello se cuestionaba que se concediese el derecho de votar para elegir electores primarios a jóvenes de 21 años y aún de 18 si fueran casados. Es decir, consideraban que no era la edad suficiente para adquirir la madurez. Por otra parte, sostenían en *El Michoacano Libre* que la propiedad era la garantía de la independencia individual y del amor al orden y precisaba siguiendo el pensamiento expuesto por Mora que entendían por propiedad, así afirmaban:

> cuando decimos propiedad no entendemos solo la que consiste en bienes raíces de que disfruta como dueño un ciudadano: comprendemos también bajo esta denominación cualquiera otro medio bastante a proporcionar con independencia, de otro hombre una subsistencia decorosa. Llamamos pues propietarios a los que tienen bienes raíces y a los que ejercen una profesión como los jurisconsultos, los escribanos, los militares, los médicos, los literatos, los fabricantes, banqueros, comerciantes, agentes de cambio, artistas y otros que sobrellevan las contribuciones personales y las indirectas, y cuyos intereses se hallan íntimamente unidos con la subsistencia del gobierno. (*El Michoacano Libre,* 1830, p. 109).

Con estos antecedentes inmediatos resulta muy comprensible que una de las iniciativas de reforma constitucional presentada ante la III legislatura reestructurada después del golpe político contra el gobernador Salgado, se caracterizara por incorporar a la propiedad como requisito indispensable para ejercer el derecho político de ciudadanía, no obstante, de su aprobación inicial en calidad de propuesta de reforma constitucional, ésta no contó posteriormente con el apoyo suficiente de los diputados que integraron la IV legislatura. Sus autores hicieron la propuesta en un sentido negativo, es decir, definiendo las causas por las que se suspendía el ejercicio del derecho de ciudadanía, proponían, así como adición del artículo 18° de la Constitución de 1825, que el ejercicio de la ciudadanía se perdía "3° por no tener una propiedad raíz valor de cien pesos o una renta, industria o profesión cuyo producto anual sea de ciento cincuenta" (AHCM. Reforma: 1830) Consideraban al igual que lo sostenido por Mora que en la democracia era una necesidad absoluta limitar los derechos políticos, estableciendo todas las condiciones que asegurasen el acierto en el ejercicio del voto, pensaban que estas exigencias no eran exclusivas de cierta clase, porque eso haría que se mirase como una aristocracia, sino que pretendían que fuesen "comunes y de posible adquisición a todos los hombres , son respecto a los electores igualmente que a los elegibles la madurez de la edad, la posesión de una propiedad o finca, y cierta profesión o industria que produzca determinada cantidad"(AHCM: Reforma: 1830).

La iniciativa de reforma a los artículos preliminares de la Constitución tenía el propósito fundamental de incorporar el criterio de propiedad como requisito de ciudadanía. De la exposición de motivos de la iniciativa, se desprende la estrecha conexión con los argumentos esgrimidos en las páginas de "*El Michoacano Libre*" en relación con la ciudadanía y la experiencia política, y de acuerdo con los redactores de la iniciativa el problema central que se vivía radicaba en la facilidad con que "se concedió su ejercicio [de los derechos políticos] dejándolos expeditos aun a aquellos que no están unidos a la sociedad sino con vínculos muy débiles y que no sabiendo apreciar las prerrogativas que la carta les concede, constituyen su excelsa dignidad". (AHCM Reforma, 1830) En seguida se argumentaba que el derecho político de sufragio se extendió tanto en la población que los que lo tenían se hallaban sin libertad para decidir en asuntos de la vida política del estado, bien sea por ignorancia o en otros casos por miseria, así sostenían que:

> Un derecho que constituye al individuo miembro del soberano dándole radicalmente una parte activa en todas sus determinaciones, se haya depositado en hombres que por ignorancia y por la cerril dependencia a que se tiene reducidos la miseria, son de hecho unos esclavos ¿Cómo ha de prometerse Michoacán un régimen sabio, justo y capaz de sublimarlo al punto de elevación y de grandeza a que lo llaman su posición geográfica, sus ricas producciones y tantos otros elementos de prosperidad que abundan, si la base de todas sus elecciones se halla en los sufragios de una inmensa mayoría de hombres sin libertad propiamente y sin la ilustración absolutamente necesaria para ejercer con acierto las funciones eminentes del poder electoral? (AHCM. Reforma, 1830).

De este razonamiento era fácil deducir la respuesta que ofrecían para resolver los problemas del estado y afirmaban que "si el estado ha de subsistir, es necesario comenzar reformando la Constitución en la parte que concierne a los derechos políticos por la reducción de su goce a solo aquellos individuos que den a la sociedad las garantías necesarias", apoyaban su argumentación en la explicación de los escritores de la época, sin mencionar alguno en especial, señalaban que estos estaban a favor de que "la edad madura, cierta propiedad y el domicilio fijo, son las calidades que fundan mejor la presunción de juicio sólido, de independencia, de amor al país y a las instituciones, de integridad y pureza en el manejo de los negocios."

Con fundamento en estos principios aseveraban que procedieron a presentar la iniciativa de reformas contenidas en los artículos 8 y 18 consistente en determinar "la propiedad raíz o renta anual que debe ser mayor o menor según que son más o menos importantes las funciones que ha de ejercer el ciudadano". La iniciativa de reforma a los artículos preliminares de la constitución tenía el propósito fundamental de incorporar el criterio de propiedad como requisito de ciudadanía y se exigía para obtener cartas de ciudadanía para los que no hubiesen nacido en el Estado, la reforma pretendía que el derecho de ciudadanía, es decir su ejercicio se suspendería: "3°. Por no tener una propiedad raíz de cien pesos o una renta, industria o profesión cuyo producto anual sea de cincuenta." (AHCM. Reforma, 1830)

Una vez resuelto el método de discusión la IV legislatura procedió al examen de cada una de las reformas. La comisión de puntos constitucionales, integrada por los diputados Villaseñor y Navarro, emitieron el 2 de septiembre de 1832 opinión desfavorable a la propuesta de reforma a los artículos preliminares, la comisión se refería en estos términos "En ella [la propuesta] se dispone que gozan el derecho de ciudadanía, los que, sin ser nacidos, ni vecinos del Estado tengan alguna propiedad raíz en el territorio, que no baje en seis mil pesos de valor y que cuenten un año en la posesión de ella." Se oponían los integrantes de la comisión a la propuesta argumentando que "Esta disposición pues va en contra de la igualdad, pues que hace elegible muchas veces o en más estados al hombre rico, contra el que no lo es tanto, y lo iguala en esta ventaja con el que tiene mayor derecho y más estrechos vínculos en la sociedad del estado en que dicho propietario no tiene más que dinero por otra parte este carece de conocimientos que se supone y debe tener el que reside." (AHCM: IV Legislatura, 1832) Pensaba la comisión que la razón en que se fundaron los proponentes consistentes en que así atraerían las propiedades valiosas del estado, no les parecía muy concluyente, lo primero porque era poco motivo el derecho de ciudadanía para hacer comprar en territorios donde no se reside y lo segundo porque el estado poco o nada adelantaría, cuando el dueño en algún bien raíz no pudiera por sí cuidarlo y cultivarlo. (AHCM: IV Legislatura, 1832). La comisión señalaba que no tenía opiniones en contra de las otras partes de la reforma que se pretendía del artículo 18, pero no así en relación con la tercera parte, argumentando que en ella se suspendía el ejercicio de la ciudadanía, al que no tuviese una propiedad raíz valor de cien pesos o una renta o industria o profesión que produzca ciento cincuenta pesos anuales por que en primer lugar, la propiedad raíz que se requiere, no ofrecía garantía alguna a la sociedad, ni correspondía al producto o renta de cincuenta pesos. En segundo lugar, este producto o renta no lo tenía la mayoría de los individuos del Estado y por consiguiente no debería exigirse para gozar la ciudadanía. Por las razones expuestas la comisión ponía a la deliberación del congreso que no se aprobaran las reformas correspondientes. ((AHCM: IV Legislatura, 1832), lo que finalmente ocurrió pues la misma no alcanzó la mayoría calificada necesaria.

Por otra parte, la ausencia de criterios más precisos en la Constitución y de una ley electoral, fue lo que llevó al intento de ampliarla en el título relativo al Poder Legislativo, con la incorporación de un capítulo detallado que regulara la actividad electoral, sin embargo, se enfrentó con una férrea oposición desde la III legislatura y lo que fue aprobado en esta materia en calidad de iniciada se redujo notablemente en la IV legislatura. Aunque el debate fue intenso en torno a las características que deberían tener los electores primarios y secundarios por las responsabilidades que tenían hasta los propios requisitos para ser miembros de las mesas electorales, la reforma no caminó con la amplitud que se pretendía. La propuesta consistía en adicionar un capítulo que regulara la elección en la Constitución, sus autores pensaban que era necesario que se colocaran las bases principales en el texto constitucional de una manera detallada, que se incorporara la exigencia de la propiedad para todos los participantes en el proceso electoral y aumentara en función de su responsabilidad, ciudadanos, electores primarios, secundarios y desde luego diputados. Proponían que se exigiera cierta propiedad o renta proporcionalmente mayor en los que tuvieran que desempeñar estas graves comisiones; pero tan moderadas que solo quedarían excluidos aquellos que por su pereza o por sus vicios se hallaran en un estado miserable. Para el caso de los diputados una cierta propiedad, que aunque módica asegurara al diputado una subsistencia independiente, sin necesidad de supeditarse ante el gobierno, ni de arrastrarse a los pies de los poderosos, consideraban que un "diputado famélico por otra parte no está dotado de una virtud eminente, caerá en la tentación peligrosa de labrar su fortuna a costa del interés de los pueblos ¡ojala una experiencia dolorosa no hubiese confirmado excesivamente esta verdad!" El proyecto de capítulo más bien parecía una ley reglamentaria aspecto que fue motivo de fuertes cuestionamientos. Finalmente, aunque se incorporó un IV capítulo a la Constitución dedicado a las elecciones de los diputados, éste contempló únicamente aspectos muy esenciales del proceso electoral y no prosperó incorporar el requisito de la propiedad como lo proponían.

Para terminar este breve análisis solo agregaré que la otra reforma constitucional que tocaba al sistema representativo diseñado en la ley fundamental michoacana de 1825 era la de carácter municipal, ésta se orientaba a que se establecieran ayuntamientos únicamente en las poblaciones que tuvieran un número competente de individuos de probidad e ilustración para lo cual se orientaba a que únicamente se establecieran en las cabeceras de partido y que una ley reglamentaria definiera en qué lugar debería de haber estos cuerpos a su vez en los que no contaran con los requisitos de ilustración para su establecimiento, pero sí tuvieran más de 4000 habitantes se proponía la creación de juntas municipales, y en aquellos que no pudieran tener ni ayuntamiento, ni junta se gobernarían por un teniente que tendría todos los atributos del gobierno. Esta reforma, aunque también había sido aprobada por la III Legislatura, no contó con el apoyo suficiente de la IV, resultando por ello también una reforma frustrada, conservándose las características municipales anteriormente descritas.

VII. CONCLUSIÓN

Las instituciones del gobierno representativo en Michoacán forman parte del primer liberalismo hispanoamericano que se estableció desde la experiencia gaditana en los años postreros del antiguo régimen, esta experiencia, aunque breve fue significativa y preparó la incorporación de estos principios en el constitucionalismo local y sus leyes reglamentarias. Ciudadanía, elecciones, división de poderes, ayuntamientos y Congreso local en su diseño inicial respondieron a una aspiración liberal de dotar de los más amplios derechos al mayor número posible de la población con restricciones mínimas para su ejercicio. A fines de la década de 1820, sin embargo, estas instituciones fueron sometidas a un cuestionamiento por parte de un sector de la élite gobernante que pretendía reformar la Constitución de 1825 para restringir los derechos políticos, incorporando el principio de ciudadanía, tanto para los votantes como para todos aquellos que tuvieran una responsabilidad desde escrutadores, secretarios de mesas electorales, electores primarios y secundarios y por supuesto a los diputados, además pretendieron incorporar mecanismos de mayor control electoral desde el texto constitucional. Esta reforma intentó igualmente limitar la organización municipal a través de una drástica reducción de ayuntamientos. Estas reformas fracasaron por no contar con la mayoría calificada en la IV legislatura en 1832.

VIII. FUENTES DE INFORMACIÓN

Bibliografía

Aguilar J. A. (2010) (Coordinador) *Las elecciones y el gobierno representativo en México (1810-1910)* Fondo de Cultura Económica, Consejo Nacional Para la Cultura y las Artes, Instituto Federal Electoral, Consejo Nacional de Ciencia y Tecnología.

Annino, A. (1995). Cádiz y la revolución territorial de los pueblos mexicanos 1812-1821. En A. Annino (coordinador). *Historia de las elecciones en Iberoamérica, siglo XIX.* Fondo de Cultura Económica.

Bentham, J. (2003). Tácticas de las Asambleas Legislativas. En *Obras Selectas.* T. II. . pp.

523-693 Librería El Foro.

Chávez, H. (2011) *Las angustias de Alvino de Amaro, alcalde de Carácuaro en 1824.* Secretaria de Cultura.

Chávez, H. (2014). *El/los enigmático(s) ayuntamiento(s) Pirinda(s) de Jesús y San Miguel del Monte (1824-¿1827?).* Editorial Cienpozuelos.

Chiaramonte, J. (1995) Vieja y nueva representación: los procesos electorales en Buenos Aires, 1810-1820. En A. Annino, (coordinador) *Historia de las elecciones en Iberoamérica.* (pp. 19-63) Fondo de Cultura Económica.

Chust, M., Serrano J. A. (2019) *Tras la guerra, la tempestad. Reformismo borbónico, liberalismo doceañista y federalismo revolucionario en México (1780-1835), Marcial Pons-Universidad de Alcalá,*

Cortés, J. C. (2012). *De Repúblicas de Indios a ayuntamientos constitucionales: Pueblos sujetos y cabeceras de Michoacán, 1740-1831.* Universidad Michoacana de Nicolás de Hidalgo. Instituto de Investigaciones Históricas.

Frasquet, Ivana,(2016)El primer liberalismo en Nueva España/México y la Revolución. En Encarnación G. M, MONARRIS, G, Carmen, Frasquet, Ivana, (editores), *Cuando todo era posible. Liberalismo y Antiliberalismo en España e Hispanoamérica (17801842).*pp.297-325 Silex Universidad.

Hernández, J. (2003) Michoacán de Provincia Novohispana a Estado Libre y Soberano de la Federación Mexicana. En Zoraida J. Z. *El establecimiento del federalismo en México (1821-1827).*pp. 289-318 El Colegio de México.

Juárez, C. (2008). *El Proceso Político de la Independencia en Valladolid de Michoacán*

*1808-1821.*Universidad Michoacana de San Nicolás de Hidalgo. Instituto de Investigaciones Históricas; INAH Michoacán.

Juárez, C. (2017). *La Diputación Provincial de Valladolid de Michoacán, 1821-1824. Independencia, Imperio y República.* Editorial Morevalladolid,

Lejarza, J.J. (1974). *Análisis Estadístico de la Provincia de Michoacán en 1822. Introducción y notas de* Tavera, A. Ed. FIMAX.

Zoraida, J. (2003). *El Establecimiento del Federalismo en México (1821-1827).* El Colegio de México.

Archivos

Archivo Histórico del Congreso del Estado de Michoacán (AHCM)

Archivo Histórico Municipal de Morelia (AHMM).

Fuentes Primarias Publicadas

Actas de la Diputación Provincial de Michoacán (1822-1823) (1976). Introducción de Tavera, A. Ed. Del Congreso de Michoacán,

Acatas y Decretos del Congreso Constituyente del Estado de Michoacán, 1824-1825. (1975) Introducción y notas de Tavera A. II. T. Universidad Michoacana de San Nicolás de Hidalgo.

Constitución Política del Estado de Michoacán, sancionada por el Congreso Constituyente en 19 de julio de 1825. (2002) H. Congreso del Estado de Michoacán de Ocampo. LXIX Legislatura. Edición Facsimilar

Castro, A. *Memoria de Gobierno. 1827,* (1827) Congreso de Michoacán.

Coromina A. (1886) *Recopilación de leyes, decretos y circulares expedidas en el Estado de Michoacán, formada y anotada por.,* Imprenta de los hijos de Arango,

Domínguez, J.I. (1830). *Memoria de la administración pública del Estado de Michoacán, leída al Honorable Congreso Constitucional por el Secretario del Despacho, en 7 de agosto de 1830.* Imprenta del Estado

Dublán M. Lozano, J. M. (1876) *Legislación mexicana o Colección Completa de las disposiciones legislativas, expedidas desde la independencia de la República, ordenada por los licenciados,* Imprenta del Comercio a cargo de Dublán y Lozano Hijos,

Pimentel, M. (1828). (*Memoria presentada al Honorable Congreso por el Secretario de Despacho de Gobierno sobre la administración pública del Estado. Año de 1828.*

Macedo, M. (1829) *Memoria sobre el estado que guarda la administración pública de Michoacán, presentada al H.C. por el Secretario del Despacho en 7 de agosto de 1829.* Morelia, Imprenta del Estado

Hemerografía

El Astro Moreliano. Periódico Político. (1829). T. I. Morelia

El Michoacano Libre, Periódico Político y Literario. (1830). T. I Morelia.

La reconstrucción de la representación política. Una visión desde los derechos fundamentales

The Reconstruction of Political Representation. A View from Fundamental Rights

HUMBERTO URQUIZA MARTÍNEZ[12]
CELIA AMÉRICA NIETO DEL VALLE[13]

SUMARIO: I. INTRODUCCIÓN. II. LA NATURALEZA Y EL SENTIDO DE LA REPRESENTACIÓN POLÍTICA. III. LA CRISIS DE LA REPRESENTACIÓN. IV. UNA ALTERNATIVA PARA RECONSTRUIRLA, A PARTIR DE LOS DERECHOS FUNDAMENTALES. V. CAMBIOS EN LOS SISTEMAS ELECTORALES Y DE GOBIERNO PARA UNA NUEVA REPRESENTACIÓN. VI. CONCLUSIONES. VII. FUENTES DE INFORMACIÓN.

I. INTRODUCCIÓN

Un elemento fundamental en toda sociedad lo constituyen las relaciones políticas. Detrás de ellas, se encuentran diversos factores como el poder político, las instituciones públicas, el

---

12 Doctor en Derecho, profesor-investigador de la Universidad Michoacana de San Nicolás de Hidalgo, profesor de la Universidad Latina de América y miembro de la Red de Investigadores de la 6ª Circunscripción de ANFADE.

13 Doctora en Derecho y Profesora-Investigadora de la Universidad Michoacana de San Nicolás de Hidalgo.
Miembro del Sistema Nacional de Investigadores

Estado, el ciudadano, el bien común, interés general y la representación política, entre muchas otras.

Hablar de relaciones políticas nos remite, a dos ideas básicas, la primera, relacionada con la existencia de personas que son objeto de acciones para alcanzar el ejercicio del poder (influir unas personas sobre otras, para satisfacer necesidades de todos); la segunda idea, el poder político, ejercido a través de las instituciones propias de esas relaciones, que van desde las instituciones públicas por ejemplo, los poderes públicos, hasta otras como los partidos políticos, organizaciones y un sin número de elementos propios de la cultura que toda sociedad desarrolla para alcanzar esas actividades relativas al poder político.

La relación entre dos o más personas enfocadas en el ejercicio del poder o bien dirigidas a ejecutar alguna acción cuyo objetivo sea el poder político, tienen, a su vez, un elemento determinante, la representación política.

Es así, que la representación permite enlazar dos categorías propias de la sociedades políticas, el representado, sociedad que de forma pasiva forma parte del poder político, y a quien se dirige todo el ejercicio de las funciones de las diversas instituciones que forman parte de la vida pública y política (poderes públicos, partidos y asociaciones políticas, entre otros), y los representantes, aquellas personas que son designadas y "autorizadas" para ejercer las atribuciones de las diversas instituciones públicas, como una forma de ejercicio del poder político a través de la legalidad y legitimidad, con el objetivo de garantizar el interés común de aquellos que representa o incluso, de toda la sociedad.

De esa forma, la proximidad política entre el representante y el representado explica varios elementos que dan sentido a la representación, como son, el interés general o colectivo como objetivo central de la actividad del representante –y de todas las instituciones públicas–, así como la construcción de mejores escenarios públicos en favor de la colectividad.

De ello se desprende claramente, la naturaleza de la representación: la satisfacción de los intereses colectivos en beneficio de la sociedad, a partir del permiso para ejercer con cierta discrecionalidad las funciones del representante.

Sin embargo, a lo largo de la historia moderna de varias sociedades, entre ellas la de nuestro país, han mostrado la forma en la que la representación se desvirtúa, a grado tal, que ha dejado de lado su sentido y objetivo central.

Esa crisis ha tenido diversas razones, empero, algunas muy visibles tienen que ver con el modelo de representación por medio de los partidos políticos, un sistema electoral, que deja de lado la necesidad de construir una legitimidad no solamente legal sino propiamente política y social, así como una falta de una cultura en beneficio de lo colectivo, lo que ha fomentado la ineficacia de las instituciones propias del poder público.

Todo ello explica en gran medida la falta de legitimidad en el representante y, por tanto, nos lleva a repensar alternativas de reconstrucción de la representación en diversas dimensiones.

Aún más, cuando ese resquebrajamiento político se desarrolla dentro de un Estado constitucional y democrático de Derecho, en donde el sistema de derecho asume un papel determinante en lo público y en las actividades propias de los poderes e instituciones del poder, hace todavía más indispensable, la reedición de la representación, pero tomando en cuenta, como punto central, los derechos fundamentales de naturaleza política.

Por ello, en el presente ensayo se revisará las alternativas hacia donde poder caminar, teniendo en cuenta elementos que la realidad del país ha impuesto para reconstruir las relaciones entre sociedad y gobierno, o entre representante y representado.

II. LA NATURALEZA Y EL SENTIDO DE LA REPRESENTACIÓN POLÍTICA

En sociedad moderna, la representación política se admitió como un elemento determinante y fundamental en la construcción de los diversos modelos de gobierno, así como parte esencial de los modelos democráticos.

En condiciones democráticas, la relación política entre las personas que integran la sociedad adquiere mayor relevancia por el sentido del modelo político que se enfoca en la libertad de participación en las cuestiones públicas y políticas, lo que potencializa el sentido de la acción individual para definir quién y cómo gobierna.

La propia idea de la representación dirige a una transferencia de reconocimiento y aceptación de una persona designada por la mayoría de personas (con los niveles diversos de mayorías) que le permite ejercer las atribuciones que la norma le otorga, al formar parte de un poder público encargado de la función de gobierno, sea ejecutiva o legislativa –inclusive, en algunos momentos de la historia política del país, el judicial formó parte de esa legitimidad política–.

Por ello, la naturaleza de la representación se centra en dos elementos básicos, el primero, en la ubicación de aquella persona que, dentro de una sociedad, conoce sus necesidades para poder ejercer las atribuciones de la función del poder público respectiva, con base en las necesidades propias de cada persona y de la colectividad de la que el propio servidor público es parte.

El segundo elemento, es el relativo a la calidad de esa persona que asumirá una función pública. Aquella persona cuyo perfil y capacidad le distingue sobre el común de los integrantes del grupo, colectivo o comunidad a la que representará.

A partir de dicho esquema del perfil para alcanzar una legitimidad, los mecanismos que se han usado para edificar la representatividad, han sido, principalmente, los partidos políticos. Si bien, en alguna parte de la evolución del sistema político han existido las candidaturas independientes, lo cierto es que, el mayor arraigo en el sistema normativo electoral y en la vida política del país, se ha centrado en la existencia de los institutos políticos, inclusive, con el monopolio en la postulación de candidaturas.

Es por ello, que la representación se ha vinculado, con el paso del tiempo, más con la vida institucional – partidos políticos– que, con una perspectiva a partir de la sociedad, lo que se traduce en saber qué quieren los ciudadanos frente a la persona que lo representa –más cuando existe pluralidad política o, mejor dicho, pluralidad en los mecanismos para determinar la representación–[14].

De esa forma, el origen de la representación se explica en virtud de la necesidad de encontrar en la sociedad a los perfiles que tengan la mejor capacidad para la toma de decisiones que beneficie a la colectiva y quien, por tanto, debe de imponer los intereses colectivos por encima de los privados o de grupo. Con ello, se teje un lazo fuerte entre la sociedad y los integrantes de las instituciones gobernantes, a efecto de que las decisiones de éstas, revistan total cercanía de las necesidades de aquella.

En el caso de México, el modelo de representación, a partir de la independencia, se ha visto fuertemente relacionado con el sistema electoral, así como con un contexto, los cuales explican su funcionamiento.

---

14 El caso es el sistema electoral de mayoría relativa, en la cual, obtiene el cargo por el que se postulan los diversos candidatos, el que haya obtenido mayor número de votos entre ellos, lo que generalmente ha reproducido triunfos de minorías, y en donde el representante, en ocasiones, adquiere una "mayoría" ficticia, ya que sumando todos los candidatos que no obtuvieron el primer lugar, tienen mayor porcentaje de apoyo que el del ganado.

> (E)l sistema de elección diseñado por la Constitución de Cádiz en 1812 para elegir diputados a las Cortes y diputaciones provinciales era indirecto en cuarto grado, aunque muy pronto, a partir de 1821 y hasta 1855, el sistema suprimió un nivel: a tres grados (…) la Constitución de 1857 cerró un ciclo de elecciones indirectas en diversos grados; lo hizo a favor de un sistema de elección indirecta simple (Gantús,2016, p. 27)

Será hasta el año de 1912 en que las elecciones son directas, lo que se mantienen hasta la fecha. Los niveles de elección marcaban una forma de representación, esto es, la designación de quién ocuparía un cargo de elección popular, municipal, estatal o federal, pasaba por esos cuatro o tres niveles de elección, desviando en consecuencia, el sentido del votante originario, con el resultado último de la misma. Ello se traducía en que el elector votaba por un grupo de personas que, designados, votaban por otro grupo de personas, para que estas a su vez, determinaran quién sería la (s) persona (s) encargada(s) de ejercer la función pública respectiva.

Con el sistema de niveles, la representación política se pulverizaba y daba cabida al manejo y negociación de los cargos públicos, en virtud a que quien elegía ya no era la sociedad, sino un grupo que formaba parte, normalmente, de la clase política del momento. De esa forma, el control sobre las decisiones electivas estaba en los caciques y terratenientes de la época, que, a su vez, asumían un papel importante en los gobiernos, por lo que la construcción de la representativa se encontraba controlada por los grupos políticos, sociales y económicos de cada momento.

En ese contexto, la elección y la representación se encuentra ligada a un contexto social, económico y político sobre el cual se va edificando.

El último modelo de representación indirecta, fue a través de la elección indirecta simple, en la cual solamente se elegía a cuerpo colegiado para que llevara a cabo la designación definitiva, funcionó mediante el colegio electoral.

Dicha figura propia del modelo norteamericano, consiste en la elección de un cuerpo de representantes para que a su vez nombren al Ejecutivo federal, local, o municipal, a partir de la calificación de la elección. Esto es, dicho cuerpo deliberativo decide si es legal la elección y quién es, por tanto, el triunfador.

En el caso de México, dicha figura recayó en los congresos locales –para las elecciones locales y municipales– y la Cámara de diputados federales para la elección del presidente de la República mediante la calificación de validez de la misma. Así mismo, dicho cuerpo legislativo una vez electo, primero calificaba su elección y posteriormente la del ejecutivo correspondiente.

El efecto es que el número de votos obtenidos por un candidato ante la sociedad, pueda no coincidir con los que obtenga ante el colegio electoral, lo que significa que la sociedad votó por uno que no sea el que designado por el cuerpo colegiado, ya que éste elegirá al que la mayoría de sus integrantes decida. Situación que, sin duda alguna, desvirtúa la representatividad a partir de un contexto de grupos políticos que negocian en el colegio electoral, quién gana y, por tanto, quién asume la representatividad, que no necesariamente es coincidente con la que la sociedad manifestó.

De esa forma, los factores políticos, económicos y sociales influyen en la construcción de la representatividad y ha provocado que en el caso de México, el sistema de elección desde 1912, sea totalmente directa, mediante el sistema de mayoría relativa, en el cual, gana el candidato que obtenga, entre los competidores, el mayor número de votos en su favor, esto es, "se habla de representación por mayoría cuando el candidato es elegido por haber alcanzado la mayoría (absoluta o relativa) de los votos" (Nohlen, 1994, pp. 87-88).

Dicha figura electoral se configuró como el mecanismo por excelencia hasta el año de 1963 cuando por la realidad política del surgimiento de grupos políticos opositores, empezaron a demandar la representatividad y surgieron los diputados de partido, modelo que posteriormente, evolucionó al sistema de representación proporcional, mismo que "se da cuando la representación política refleja, lo más exactamente posible, la distribución de los votos entre los partidos" (Nohlen, 1994, p. 88). Hecho que produjo que, a partir de los años 70´s, se modificara el sistema electoral de mayoría simple a uno mixto con preponderancia del sistema de mayoría, en el cual compartía el sistema de mayoría relativa y el de representación proporcional, pero con mayor peso el primero de ellos.

Ello se traduce en que la elección de cargos unipersonales[15], se hacen por conducto del sistema de mayoría relativa, y en el caso de los cuerpos colegiados[16] electos popularmente, se eligen por medio del sistema de representación proporcional, consistente en que, con base en los resultados obtenidos por cada partido, se le asigna el mismo porcentaje de votación en la integración de los espacios elegidos por esta vía dentro del cuerpo colegiado que es electo.

En el modelo actual de representación en México, se potencializa un poco más, la función del ciudadano, que si bien, en todo momento se convierte en un elemento fundamental, lo cierto es que en modelos electorales de diversos niveles – como los tuvimos en la primera etapa del México Independiente–, se desvirtúa fuertemente el sentido de la voluntad del ciudadano y se traslada a un papel secundario.

---

15 Presidente de la República, Gobernadores y Jefe de Gobierno de la Ciudad de México.

16 Cámara de Diputados Federal, Senado de la República, Cámaras de diputados locales y Ayuntamientos.

Sin embargo, el centro de la representación debe ser la sociedad y de forma específica cada ciudadano que vota y emite su voluntad a favor de representantes, por lo que, la participación del ciudadano se asume como un derecho para poder contar con los mejores perfiles, pero, sobre todo, con aquellos representantes que sean producto de la voluntad de la suma de ciudadanos. Eso significa lograr que la ciudadanía participe de forma activa en la elección de sus gobernantes, generará mayor legitimidad y, por tanto, las decisiones que se tomen, deberán de estar revestidas de un cumplimiento en favor de la colectividad. El compromiso producto de la amplia participación, tendría que llevar a mejores acciones públicas, o por lo menos, acordes con las necesidades sociales.

A pesar de ello, "(e)n algunos momentos (de nuestra historia) y lugares la negativa a votar fue sancionada: el voto se visualizó más como obligación, que como derecho, y su incumplimiento implicó una amonestación económica." (Carbajal, 2016, p. 313).

Lo anterior, deja en claro que, en modelos de representación indirecta, el control de los votantes, era mayor, y, por tanto, existían más incentivos negativos para generar la obligatoriedad en el voto, en virtud del control que algunos grupos tenían de los espacios de representación y de gobierno.

Bajo esa premisa de poco control ciudadano sobre los resultados electorales, no solamente en modelos de representación indirecta, sino también en la directa,

> el individuo no tiene, en verdad, poder alguno sobre la elección de quienes gobiernan en su nombre y por su autoridad. El gobierno es un monopolio en manos de una clase que, aunque no forma una casta, constituye un grupo aparte en la sociedad (Ostrogorski, 2008, p. 24).

Ante ello, se hace indispensable transitar a un modelo de representación directa, que centre a la persona en la representación y evite ser controlada por la clase gobernante, lo que no significa que no existan otros mecanismos para maniatar a la voluntad popular, pero si permite enfocar la representación más pura y con ello acercar a un mejor modelo de funcionamiento de las instituciones representativas, así como del propio sentido del poder político.

Por todo ello, la representación tiene su origen en un contexto y modelo social, económico y político, su naturaleza y diseño está sustentada en el modelo electoral a partir de cada sociedad.

III. LA CRISIS DE LA REPRESENTACIÓN

A raíz de las diversas etapas de la representación política en México, y con el paso del tiempo, se fueron presentando diversos problemas, algunos resueltos con variados mecanismos, como la certeza en quién puede votar, cómo se puede votar, los mecanismos para garantiza en la casilla como el voto secreto, libre y directo, entre muchos otros elementos dirigidos a potenciar la validez del voto individual como materia prima de la representación política.

Pero no todos los obstáculos se han podido librar, la representación política sigue arrastrando vicios y problemas que, contrario a encontrar una salida mediante el diseño del modelo electoral y de gobierno, se han incrementado, sin alguna posible alternativa de solución. Quizá peor, pues se han incrementado algunos otros factores que han potenciado problemas de legitimidad. Como es el caso del sistema de mayoría relativa que desde 1997 y hasta 2018, produjo los gobiernos divididos[17] y que, a su

---

17 El cual se distingue en que el partido político que obtuvo el triunfo en la función ejecutiva, no tiene la mayoría en el Congreso o Parlamento

vez, impactaron en la eficacia y eficiencia de los gobiernos. Todo ello, ha tenido un efecto directo en la sociedad, y es la no credibilidad en sus representantes y, por ende, en sus gobernantes.

La conclusión a la que arriba Roberto Gargarella (2014, p. 93), respecto de la crisis de representación que

> tiene mucho que ver con el modo en que las mismas instituciones políticas fueron diseñadas. (...), tales instituciones no fueron diseñadas con el objetivo de promover la intervención de la ciudadanía en los asuntos públicos, sino que, por el contrario, fueron más bien pensadas para desalentar dicha participación. Los "padres fundadores" del sistema representativo rechazaban drásticamente todo tipo de democracia directa; desconfiaban de toda intervención activa de la ciudadanía en política; y fundamentalmente, temían a las asambleas y las discusiones mayoritarias

Con base en dicha conclusión, la ingeniería institucional en la mayoría de los sistemas políticos y de representación, como el caso mexicano, se distancian fuertemente se la participación de la ciudadanía que, en nuestro caso, era históricamente mediante las elecciones de niveles, así como a partir de los controles sociales, económicos y políticos que existieron y siguen existiendo en alguna medida por conducto de los partidos políticos y otras agrupaciones.

A partir de esa realidad, el sentido de la representación se aleja de la visión que incluye la figura de representante actuando en beneficio de la sociedad, e indirectamente nos lleva a la idea de la representatividad a partir de los acuerdos de grupos de la sociedad, interesados directamente en el poder político

---

y, por lo tanto, debe de construir mecanismos de negociación entre ambos poderes para poder sacar adelante las iniciativas del ejecutivo, situación que lleva al extremo y tensa más la división de poderes.

más que en el cumplimiento de los objetivos comunes. Nada nuevo para el caso de México, en donde, como se analizó, la ciudadanía y su voluntad estaban controladas mediante figuras de caciques, terratenientes, entre otros, y con instrumentos poco benévolos para una verdadera incidencia de la sociedad en sus representantes, como fue la elección indirecta hasta en 3 o 4 grados de elección.

Es así, que la representación política, en su diseño, no es parte del modelo cívico, en el que el "civismo es una actitud de adhesión que valora los aspectos del interés general, moviliza la capacidad de participación, de contribución, de reciprocidad de las personas" (Antaki, 2004, p. 111), por lo que, lograr una representación producto de la civilidad, es una de las tareas pendientes y que en gran medida, están generando la crisis que actualmente se vive en el modelo de representación.

Por ello, la crisis que vive la representación tiene diversas vertientes, pero algunas de ellas son muy claras; la primera, consistente en el diseño del sistema electoral; la segunda, en la relación entre ciudadanía (sociedad) y gobierno; y la tercera, la consecuente ineficacia e ineficiencia de las instituciones encargadas de las funciones de gobierno[18] en cualquiera de sus niveles.

En el primero de los supuestos, la crisis de la representación se relaciona con el modelo electoral, en el cual, no encuentra los mecanismos más idóneos para lograr tanto la mejor traducción de la voluntad popular con la integración de los diversos cargos públicos, como tampoco, la mejor forma de conjugar el sistema de partidos políticos, entendido como la plataforma básica de la representación, que dentro de un modelo electoral

---

18 Sea Ejecutivo, Legislativo o Ayuntamientos, inclusive el Poder Judicial y los órganos autónomos que forman parte del ejercicio de gobierno, sea en lo federal o en lo estadual.

que genera legitimidades disminuidas, afectan fuertemente la credibilidad e inclusive el desprestigio en la actividad política.

Ello se refiere, en esencia, al hecho de que el sistema electoral mixto que tenemos actualmente en el sistema político mexicano, combina el de mayoría relativa y el de representación proporcional, genera que la representación sea bajo parámetros de minorías o mayorías ficticias.

Eso se entiende en razón de que el sistema de mayoría relativa en México, solamente requiere que el candidato ganador obtenga más votos que sus competidores. Situación que lleva a dos escenarios:

1. No alcanza más de la mitad de los votos, por tanto, su porcentaje de votación es mayor a los de sus contrincantes, pero en ningún momento supera al 50% de los posibles votantes.
2. Su votación y, por tanto, su porcentaje, es superado por la suma de todos los otros candidatos que no ganaron, generando una legitimidad minoritaria e inferior a la de sus oponentes.

En ambos casos, se está hablando de una afectación en el sistema de apoyo político y social que las elecciones deben de producir. El sentido propio de un sistema electoral se enfoca en alcanzar los mejores niveles de apoyo social –mediante el voto individual– de los candidatos que son electos. En la teoría del derecho electoral, existen los sistemas de mayoría absoluta, en la que no basta que el candidato ganador sea el que obtenga más votos que sus competidores, sino que, además, deben de alcanzar el umbral mínimo del 50 % más uno de los votos de aquellos que pueden ejercerlo o un diferencial con el segundo lugar por un porcentaje que va en la mayoría de los casos, del 10%.

Este modelo de mayoría absoluta reproduce mejores niveles de legitimidad, pero también requiere de otras herramientas que son de cuidado, como la segunda vuelta electoral.

Ello por cuanto ve al sistema de mayoría, que recordemos, es para casos de cargos unipersonales.

Pero también existe un problema real en el sistema electoral de representación proporcional, debido a que la forma de postulación de los candidatos en esa vía, restringen al ciudadano, en virtud de que los únicos que pueden disponer de dichas listas son los partidos políticos,[19] en lo que se conoce como listas cerradas, no existe posibilidad de modificarlas una vez registradas, salvo impugnación, pero nunca por disposición ciudadana. Pero no sólo ello, aún dentro de cada instituto político, esos espacios se convierten en una lucha muy fuerte. Ello en tanto dichos candidatos no tienen que hacer campaña alguna, y los primeros lugares, dependiendo de la fuerza de cada partido, son los espacios que seguramente integrarán los cargos que por dicha vía se pueden acceder en las instituciones colegiadas como parlamentos federales y locales, así como los Ayuntamientos.

Aunado a lo anterior, el mecanismo de votación de esos espacios es indirecto, esto se traduce en el hecho de que los candidatos postulados por la vía de la representación proporcional, no son votados directamente por el elector[20], sino que el voto que se le otorgue al candidato o candidatos de mayoría

---

19 Normalmente cada partido político mediante procedimientos propios de sus estatutos y de la realidad política al interior de los mismos, consensua una lista de candidatos para registrarse como la lista de representación proporcional. Esos espacios, principalmente los primeros lugares, son muy codiciados por la clase política de cada instituto, ya que son seguros en ser "electos" por la fuerza electoral de cada partido.

20 Solo basta recordar que las boletas tienen impresas dos partes, en la parte frontal y en la parte trasera. En la delantera, se ponen los logos de los partidos y el nombre del candidato o candidatos de mayoría relativa, y en la parte trasera de la boleta, encontramos la lista de los candidatos a los diversos cargos de elección popular, mediante el sistema de listas de representación proporcional.

relativa, se convierten en votos directamente a favor de esos candidatos de representación proporcional.

De esa forma, la representación a través del mecanismo proporcional, como la tenemos en nuestro sistema electoral, solamente genera burbujas políticas de grupos en el poder, que están exclusivamente comprometidos con los líderes de los partidos que los pusieron en dicha lista y ello lleva a una desvinculación inmediata con los ciudadanos y sus necesidades. Lo peor, es que se vincula a las necesidades de la clase gobernante del partido, a sus intereses de grupo o particulares.

En ambos sistemas electorales, también juega un papel fundamental el sistema de partidos, que en México es un sistema que ha evolucionado del unipartidismo al multipartidismo, categorías en las que Maurice Duverger, las ha clasificado a partir de su existencia y funcionamiento (2002, pp. 256-282). El sistema de partidos en México[21] que hasta 2013 existió el monopolio en la postulación de candidatos, lo que agotó la relación con la sociedad, en virtud de que los grupos de cada partido asumieron la posibilidad de tener el control de candidaturas, principalmente de representación proporcional, y con ello construir intereses totalmente distintos a los de los ciudadanos y sociedad en general.

---

[21] Un problema estructural en el sistema de partidos políticos, es el hecho de que existe un modelo de partidos burocrático u orgánico, en el que los partidos políticos tienen financiamiento permanente, sea año de elección o no, y ello genera que se desvirtúe el sentido de los institutos políticos, que como lo señala Duverger (2002), ya que el origen de las organizaciones políticas está en la lucha por el poder a través de las candidaturas en procesos electorales, en lo que el autor llamaba los comités electorales y que fuera del proceso comicial, los institutos debería de reducirse en su estructura y capacidad económica para evitar distraerlos y no convertirlos

Es por eso que, a partir de 2011 y 2013 se ha ido construyendo otras formas de representación política, como los candidatos independientes[22] y la representación comunitaria de grupos indígenas[11] como alternativas propias del agotamiento de la credibilidad de los partidos políticos.

En otra tesitura, se tiene otro problema en el sistema electoral para generar una representación adecuada, la cultura de la participación en las elecciones, actualmente es un derecho, pero también una obligación, en este último caso, no existe sanción para el caso de no cumplir con el ejercicio de votar. Si bien ello no resolverá el problema de niveles de participación para generar mayor legitimidad, si ayuda a ir construyendo alguna parte de la cultura de participación política.

De ello también destaca, como segundo caso de factor de crisis, el caso del modelo de comunicación entre la ciudadanía y el gobierno (sus representantes). Una costumbre que se está convirtiendo en parte de la cultura política en México lo constituye la aceptación por parte de la sociedad, de que la autoridad en el ejercicio del cargo toma un camino totalmente

---

[22] Modelo que no ha sido del todo exitoso en virtud a que se ha utilizado por los liderazgos de partidos que al no ser beneficiados con la postulación de la candidatura, usan la figura de candidato independiente para poder competir. Pocas experiencias se han tenido de candidatos independientes que no sean parte de un partido político. Aunado a ello, el sistema electoral no ha podido transitar a un modelo donde realmente se pueda ser competitivo por parte de los candidatos independientes, en virtud del sistema de financiamiento a partidos y candidatos sean de partido o independientes-, así como las prerrogativas que se tienen a favor de los partidos políticos. [11] Es el caso del Municipio de Cherán en Michoacán, donde a partir del año de 2012, se transitó a una forma de representación comunitaria, que, a su vez, generó un cambio en el modelo electoral, ya que se dejó de lado a los partidos políticos, y asumieron los usos y costumbres para la designación de su autoridad tradicional.

distinto al que quiere y necesita la ciudadanía para satisfacer sus intereses colectivos, lo que rompe con condiciones básicas para lograr una interacción adecuada entre ambas partes.

La comunicación política se ha desplazado a tal grado que es solamente en procesos electorales, cuando los integrantes de la clase política buscan el diálogo con los ciudadanos y disfrazan sus intereses personales de deseos por cambiar el estado de cosas en las que vive la sociedad, presentándose como los redentores frente a las adversidades que se presentan.

En actores políticos que influyen en las actividades políticas de los gobiernos. Situación que desvía el sentido de los partidos

Por último, el tercer elemento fundamental en la crisis se traduce en la ineficacia e ineficiencia gubernamental, producto de la falta de perfiles adecuados en las diversas funciones de gobierno, cuyas instituciones son integradas por elección, que serían el caso de los poderes Ejecutivos federal, local y municipal, así como de los congresos federal y local, así como el propio Ayuntamiento.

No contar con los perfiles adecuados, responsables y ante una legitimidad cuestionada, tiene como destino el incumplimiento de los intereses sociales frente a las acciones que cada uno de los poderes tiene que realizar, y ello afecta la percepción e idea que se genera en la sociedad, respecto de los gobernantes, sus representantes y, por tanto, de la clase política.

Por otro lado y en el mismo problema, la corrupción ha generado un desvanecimiento en la credibilidad de la sociedad frente a sus representantes, que por cuestiones de intereses económicos, de grupo o personales, desatienden y dejan de lado el discurso de la ciudadanía para arropar sus intereses, que en ningún caso pueden ser legítimos, si estos están alejados de la realidad social a la que se deben, "en el momento en que el elegido deja de "representar" a su propio elector (es decir, deja de hablar exclusivamente *en nombre* de los ciudadanos particulares que lo han elegido), ya no es un *representante* en sentido propio" (Cuono, 2014, p.144).

La falta de credibilidad en los gobernantes tiene un impacto directo en su legitimidad y, por ende, lastima el modelo de representación, por lo que se posiciona como uno de los rasgos más distintivos de la crisis.

Su efecto no es menor, ya que ha polarizado la postura entre la sociedad y el gobernante, dejando en medio el reto de reconstruir la relación en la comunicación de ambas partes de una sociedad política. Sin duda que el rescate de esa relación pasa por la reinvención de la eficacia y eficiencia, la limitación o de ser posible, desaparición de la corrupción. Con ello, se logrará dar un paso adelante en la reconstrucción de la representación política que hoy se entiende como un privilegio para beneficios personales y no colectivos.

IV. UNA ALTERNATIVA PARA RECONSTRUIRLA, A PARTIR DE LOS DERECHOS FUNDAMENTALES

La idea de la representación como parte de las acciones del poder, la encasillaron en la perspectiva de lo político, si bien este es un concepto con múltiples concepciones como lo comenta Carl Schmitt (2009), quien, a partir de variadas posiciones, analiza el concepto y la idea de lo político. Sin embargo, la representación se ha focalizado en concebirse como parte del ejercicio del poder, y como elemento primario para alcanzarlo. Es así que la representación constituye una justificación dentro del estado "democrático" y "liberal" para alcanzar el poder, esto es, significa la razón y justificación para ejercer el poder por parte de las instituciones jurídicamente reconocidas.

Lo político ha sido un espacio muy amplio en el que el poder institucional se manifiesta para lo cual, es fundamental tener un mecanismo de legitimidad, y en un estado democrático la voluntad popular o ciudadana se convierte en la fuente por excelencia. Las elecciones como espacio para recoger la voluntad ciudadana mediante el voto y con ello abre el camino a la representación, han sido entendidas como actos cerrados por la justicia, como lo analiza Javier Moctezuma, desde el inicio del Estado mexicano diversos personajes integrantes de la Suprema Corte como fue el ministro José Arteaga quien en 1874, consideró que la justicia federal no podía entrar a revisar aspectos del colegio electoral (encargado de calificar elecciones) ya que "sostuvo el principio de que le alto Tribunal no debía examinar ni calificar los actos puramente electorales, por los que el pueblo ejerce su soberanía" (Moctezuma, 1994, p.109). Criterio que se extendió durante los siguientes años y produjo que la justicia electoral no existiera en virtud a que los actos dentro de un proceso electoral eran solamente de naturaleza política y totalmente distante de los derechos de las personas. Por ello, la representación ha sido más un instrumento de poder que un mecanismo de legitimidad, lo que ha encauzado su crisis y debilitamiento como parte de las acciones políticas de la sociedad.

Es así que, ante la crisis, una forma de poder salir adelante es a partir de la mirada de la representación desde los derechos fundamentales. Diversas son las concepciones que se pueden tener sobre los derechos fundamentales o humanos[23], mismas que van desde la idea de Ferrajoli (2004, p.37), quién los entiende como:

> todos aquellos derechos subjetivos que corresponden universalmente a "todos" los seres humanos en cuanto dotados del *status* de personas, de ciudadanos o personas con capacidad

---

23 La diferencia entre fundamentales y humanos es que los primeros están positivizados en cualquier norma jurídica, principalmente una Constitución, y los segundos, no.

> de obrar; entendiendo por "derechos subjetivos" cualquier expectativa positiva (de prestaciones) o negativa (de no sufrir lesiones) adscrita a un sujeto por una norma jurídica

o bien, en la visión de Martin Borowski, (2003, pp.48-49) para quien los derechos fundamentales pueden ser desde analizados desde una visión formal, material o procedimental, o bien, como principios y reglas:

> los principios contienen un deber *prima facie*, las reglas un deber definitivo. Cuando una regla vale y es aplicada, siempre se imputa una consecuencia jurídica. A diferencia de los principios, las reglas no pueden simplemente ceder ante otras reglas en los casos individuales.

De forma especial, los derechos humanos de corte democrático, como son votar, ser votado y asociación política, forman parte de esos derechos que sientan las bases para un nuevo modelo de representación.

> Esos derechos políticos son aquel grupo de atributos de la persona que hacen efectiva su participación como ciudadano de un determinado Estado. En otras palabras, se trata de facultades o, mejor, de titularidades que, consideradas en conjunto, se traducen en el ejercicio amplio de la participación política (Picado, 2007, p.49)

De inicio, la base del sistema de representación es la participación política como derecho que se materializa, a su vez, *prima facie*, con los derechos políticos electorales de carácter individual y que han sustentado el sistema jurídico electoral.

Entre esos derechos, se encuentran los ya mencionados voto activo, pasivo y asociación política. Por ello, la reconstrucción de la representación debe de iniciar bajo la visión de garantizar tales derechos a efecto de fortalecer la participación política, para posteriormente incrementar los niveles de responsabilidad en la representación, ampliando el margen de compromiso, y por último, abrir el espacio para edificar en la representación política, la garantía de ejercicio de los derechos políticos, ello, siguiendo la idea de Ferrajoli, relativa a que frente a un derecho, debe de existir una obligación (garantía) que dé inicio se concibe como primaria y que se traduce en "obligaciones o prohibiciones correlativas a aquéllos (derechos)" (Ferrajoli, 2004, p.59).

De esa forma, la garantía en el ejercicio de los derechos políticos, entre otras formas se encuentra en la representación.

Esa garantía puede ser a través de los partidos políticos como ha existido o bien, mediante la figura de candidatura independiente, la cual consiste en el hecho de que "(e)l candidato (es) presentado a un proceso electoral al margen de los partidos políticos y de forma independiente respecto de ellos" (Matía, 2016, p.258).

Lograr que el ejercicio del derecho a ser votado por parte de un ciudadano mediante ambas figuras, partidos políticos e independientes, abre más opciones para garantizarlo, y se reproducen mecanismos de mayor compromiso frente a la sociedad, y con ello, se innovan mejores grados de representación política.

Es por ello, que visualizar la representación desde los derechos, de forma específica a partir de los derechos políticos de corte democrático, sin duda permitirán una revisión de la esencia de aquella y la reconstrucción de la misma, con el objeto de fortalecerla desde la norma jurídica y en caso de que ello no suceda, existe la garantía jurisdiccional que le permite su justiciabilidad, mediante la justicia electoral.

En otra escala de derechos y dentro de la visión comunitaria que en los últimos años está incidiendo en los procesos electorales, se encuentran los derechos de los grupos originarios, en particular el derecho a la autonomía y libre determinación que asumen un papel determinante para forjar esa otra escala de representación. Ambos derechos son pilares de la representación política de las comunidades indígenas. "El derecho de autodeterminación (...) es un derecho de todos los pueblos, y su realización puede proceder mediante la vida de la autonomía que es la realización de dicho derecho de la jurisdicción de un Estado-nacional ya constituido." (Burguete y Aragón, 2008, p. 291).

De esa forma, la autonomía ofrece la posibilidad de construir sus propias normas a partir de una visión propia de todo fenómeno, entre ellos el político. Esas normas son negociadas con el Estado y con la sociedad a efecto de rehacer la composición de ambas y lograr la existencia de un estado en el que convivan esas autonomías.

Lograr garantizar los derechos de grupos originarios relativos a la participación política, pero desde una visión distinta a la que existe, que sustentan su propio modelo electoral y político, sin duda abre un nuevo camino que puede reorientar el sentido de la representación.

Ese nuevo camino, totalmente alternativo, se edifica a partir de elementos novedosos para el sistema que se ha tenido en México. Ello en razón de los caracteres propios de una comunidad como son el sentido de lo comunitario que erige intereses de todo el grupo, para su beneficio y que deja de lado y sujeto a ese interés general, los intereses individuales de los integrantes de cada colectivo originario.

El origen de cada pueblo y/o comunidad indígena y sus costumbres son la base de sus formas de accionar dentro de la sociedad y en particular en la representación, cuentan con sus propias autoridades consecuentes con su modelo de pensamiento, de vida y cosmovisión. La representación comunitaria es aquella que se presenta como parte de las costumbres y usos de cada comunidad, con un sentido de pertenencia colectivo, conformada por una autoridad tradicional cuyas acciones se explican a partir de esa identidad social más allá de lo individual. Por lo que hace más difícil que los intereses colectivos se desplacen por los intereses personales o de grupo del "gobernante" (integrante de la autoridad tradicional).

Es así, que reconocer los derechos colectivos de los grupos originarios a través del artículo 1° y 2° de la Constitución Mexicana, a la par de los diversos instrumentos internacionales y demás normas, está abriendo la puerta a un cambio en el sistema político, desde el sistema electoral (elección por usos y costumbre), pasando por el de gobierno (cambio de ayuntamientos por Concejos indígenas cuya denominación es variable), hasta llegar al sistema de representación, ya que la emergencia de la representación comunitaria es a razón de la falta de credibilidad de los partidos y sus efectos en los gobiernos frente a las comunidades indígenas.

De esa forma, existe un camino claro hacia dónde dirigirse en la reconstrucción de la representación política que, alejada de la idea de lo político, y sujeta a una perspectiva de los derechos fundamentales, se puede alcanzar un nuevo marco de credibilidad, acepción y eficacia. Garantizar los derechos políticos sean en la vertiente individual de votar y ser votados, o bien en el carril de lo comunitario, permitirá que en caso de no garantizarse existirán mecanismos para obligar a su cumplimiento.

Ello a su vez, permitirá alejar la tentación de argumentar el incumplimiento del sentido de la representación por cuestiones políticas, las cuales deberán de estar subordinadas al Estado de Derecho.

V. CAMBIOS EN LOS SISTEMAS ELECTORAL Y DE GOBIERNO PARA UNA NUEVA REPRESENTACIÓN

Como se comentó *infra*, la crisis y problemas de la representación pasan por dos vertientes, el diseño institucional y la cultura política (tanto por parte de la sociedad, como por los integrantes de las instituciones encargadas de gobernar).

Por ello, es necesario replantear el funcionamiento del modelo de representación política, en principio mediante el ajuste del sistema jurídico de los procesos comiciales y de los partidos políticos.

El sistema electoral mixto, deberá cambiar para que el sistema de mayoría relativa se transforme en un sistema de mayoría absoluta en el que se fortalezca la legitimidad que se logra a través de las elecciones, con el fin de que el nombramiento del candidato electo como autoridad, sean con la mayor fuerza social posible, que además de permitirle llevar a cabo acciones más decididas y con ello, exista un compromiso frente a sus electores.

Uno de los retos más grandes del sistema electoral mexicano es crear gobiernos fuertes desde las elecciones y evitar la existencia de gobernantes con legitimidad menores a los 50% o peor aún, con una legitimidad rebasada por la suma de sus contrincantes electorales. De igual forma, será necesario ajustar el modelo de representación proporcional, que en algunos momentos ha querido ser disminuido dejando a las minorías fuera de la posibilidad de acceder al poder, situación impensable para una sociedad democrática y que ha manifestado su perfil pluralista.

En ese camino de la representación proporcional, el primer elemento de transformación será transitar a un modelo totalmente cercano a la representación pura, en la que el porcentaje de votos que alcanza cada partido se traduzca en el mismo porcentaje de representación en el cuerpo de gobierno respectivo. Ya en el año de 1993, la fórmula pura para la distribución en la representación ha existido en el sistema electoral mexicano. Como lo recuerda Javier Patiño, (1999) México ha transitado por diversos modelos de representación proporcional, pasando desde la cláusula de gobernabilidad[24] hasta la sobre

24 Esta fórmula permitía que si un partido alcanza un porcentaje de votación y un número mínimo de diputados, se le otorgaban el número

y sub representación[25], e incluyendo la representación pura, misma que deberá de ser el referente actual para garantizar la pulcritud en la representación de minorías.

Aunado a ello, y a efecto de romper con las dinámicas de clases políticas que se han fortalecido por conducto de la lista de candidatos a representación proporcional, se deberá de hacer listas abiertas, en donde el ciudadano pueda determinar, de entre la lista que registra cada partido político, a quién quiere como sus primeras opciones para que accedan al cargo respectivo, pudiendo, para ello, acomodar la lista de acuerdo con la visión de cada ciudadano. Los candidatos que obtengan los mayores apoyos en ese acomodo, serían los que estarían entrando como parte de la representación proporcional. Con ello, se evitaría la existencia de burbujas políticas que rompen con la relación candidato ciudadano, indispensable para hablar de representación política en su sentido real, no de una representación de un partido político, o peor aún, de un grupo dentro de ese partido.

Por otro lado, y como parte de los ajustes en el modelo de postulación de candidatos. Esto se refiere al nuevo marco de funcionamiento de la representación en virtud del agotamiento que ha tenido el sistema de partidos políticos para la presentar de forma exclusiva candidatos, lo que ha permitido que emerjan nuevos modelos de representación. En principio son

---

necesario para alcanzar la mayoría absoluta dentro de la cámara, lo que generaba una representación en el Congreso que no tenía el partido en los votos, pero que garantizaba la gobernabilidad control del poder- para poder emitir las leyes necesarias para darle al Ejecutivo el mecanismo de gobernabilidad que la ley otorga.

25 Con este mecanismo dentro de la fórmula de asignación, se evita que un partido tenga más (sobre) o menos (sub) representación en la cámara de Diputados (federal o local) o Senadores que votos obtenidos en las elecciones.

las candidaturas independientes, que, si bien ya han formado parte del sistema electoral en México, esto solamente se había presentado en el modelo electoral del siglo XIX, pero en la vida política contemporánea, las candidaturas han sido controladas exclusivamente por los institutos políticos. Fue hasta la reforma de 2013, que se fueron incorporando en algunos Estados y en 2014 se incorporaron como parte del modelo de representación política constitucional en México.

Con ellas, se logró un cambio importante en el diseño de la representación política, que durante años estuvo monopolizada por los partidos políticos que incorporaron a la ley, el requisito de procedencia de una candidatura que estuviera postulada por un instituto político, caso contrario, no existía la posibilidad jurídica ni material de alcanzar el poder por una vía que no fuera por los partidos.

La llegada de la candidatura independiente al sistema electoral, en particular al sistema de representación, ha traído consigo diversos cambios y varios retos. En los primeros encontramos la posibilidad real de que el poder lo ejerzan personas que no tienen un vínculo con partidos, y que, por tanto, cambien las estrategias de cada instituto político frente al electorado en aquellos distritos o territorios electorales en lo que han perdido frente a los partidos.

En el segundo, es necesario evitar el mal uso de dicha figura, ya que, si bien el diseño de la candidatura independiente permite que cualquier ciudadano sea postulado, lo cierto es que ello no ha sido así del todo, en muchas postulaciones por esa vía, han sido ex militantes de partidos los que han tenido el beneficio de la postulación fuera de partidos, varios de ellos incluso han logrado llegar al poder.[26]

---

[26] El caso del gobierno del Estado de Nuevo León, uno de los estados más fuertes en la República Mexicana, es gobernado por un

Por ello, uno de los grandes retos que se tienen con esa fórmula de postulación es evitar el uso de dicha figura por parte de ex militantes de partidos que se aprovechen para alcanzar el poder sin tomar en cuenta el daño que generan a la candidatura independiente que, es claro, surgió por la fuerte pérdida de credibilidad de los partidos políticos frente a la sociedad. Si aquellos que provocan la caída en la credibilidad de la representación cooptan las candidaturas independientes, pues el futuro de las mismas será exactamente el mismo que ha tenido el sistema de partidos.

Aunado a ello, se deberán hacer ajustes a la legislación para garantizar una posibilidad real de competitividad frente a los candidatos de partidos. Los temas van desde el financiamiento público que se tienen para los independientes[27], el acceso a radio y televisión, la representación ante casillas, requisitos para ser candidatos, principalmente el caso del respaldo ciudadano en donde solicitan el 2° o 3% por municipio o Estado para poder ser candidato[28]. De igual forma, la creación de una

---

candidato independiente, pero que antes de lograr esa postulación, era militante del Partido Revolucionario Institucional.

27 La gran mayoría de estados legislan en el mismo sentido respecto de lo fondos para financiar a independientes. La fórmula es la siguiente, se destina el 2% del financiamiento total para partidos, para los candidatos independientes. Dicha bolsa será para todos, esto es, si se tienen candidatos para gobernador, para diputados locales o ayuntamientos, dicha cantidad de dinero se divide entre los que serán candidatos independientes. Lo único que provoca es que entre más candidatos independientes es menos el recurso que se tiene. El incentivo es claro, que existan pocos candidatos independientes.

28 Varias legislaciones piden que, en el caso de candidato a gobernador, por ejemplo, es necesario que el independiente obtenga el 2 o 3 % de respaldo ciudadano en por lo menos 2/3 partes de los Municipios. O bien, en el caso de los diputados, el requisito es igual, pero en 2/3 parte de los municipios que forman el distrito.

asociación para la postulación[29], que lleva a la burocratización de los procesos electorales, de forma específica en la candidatura. Ellos, entre muchos otros temas, deberán ser motivo de ajuste legal a efecto de poner en el mismo plano de participación a los candidatos independientes como a los de partidos.

En la otra vertiente de la construcción de un nuevo modelo de representación política está el caso de la representación comunitaria, a partir de los derechos de los pueblos originarios.

Con base en la autonomía y libre determinación de los grupos originarios está emergiendo un nuevo modelo de representación a partir de una visión propia de lo que es el poder político. Las características de ese nuevo modelo se sustentan en un elemento propio de cada comunidad, el uso y la costumbre (sistema normativo propio) en el cual se sustenta la justificación, objetivo, necesidad y formas de ejercer el poder político al interior de la propia comunidad.

La llegada de esa nueva realidad política parte de la transición hacia un estado heterogéneo en el que:

> (l)a heterogeneidad de la acción estatal se refleja a sí misma en la ruptura total de la inestable unidad del derecho estatal con la consecuente emergencia de diferentes políticas y estilos de legalidad estatal, cada uno de los cuales funciona con relativa autonomía (De Sousa, 2009, p. 259).

Requisito que no se pide al candidato postulado por los partidos políticos.

29 El Independiente debe de crear una asociación civil, que sea la figura jurídica por medio de la cual se hace la fiscalización. Para tener dicha figura es necesario ir a un notario, hacer el registro ante el registro público, hacer trámites de nombre ante la Secretaria de Economía, entre otros procedimientos que se deben de hacer, y que, en el caso de los partidos, sus candidatos no tienen que cumplir.

Esa autonomía se combina con la autodeterminación como factor determinante en la construcción de nuevos espacios de vida social, económica, jurídica y política. Con el ejercicio de la autonomía se logra transitar a nuevos modelos de representación política a partir de la costumbre que se tienen en cada grupo social originario y que durante años estuvo vetado en la vida política.

Es así, que una de las características de ese modelo es el carácter colegiados de la autoridad, el sentido de legitimidad colectiva, esto es, no por el ejercicio de derechos individuales, sino por la decisión de la máxima autoridad de toda comunidad, la asamblea general.

Y finalmente, el elemento que mayor fuerza política le da a este modelo de representación es la vinculación entre el "gobernante" aquel que forma parte de la autoridad comunitaria y la asamblea, lo que se construye a partir de la forma de elegirlos, mediante actos abiertos y públicos, electos por sus pares que son parte de la comunidad y con quien conviven día a día, y por último, por la fuerza social y política que tienen la propia asamblea como órgano colegiado, que permite la subsistencia de la costumbre a partir de diversos elementos propios de la cultura de cada comunidad, en donde se enlazan temas de creencias, pasiones, ideologías, principios y valores, todos colectivos, que asumidos como elementos determinantes para la comunidad, lo serán, por tanto, también para los que ejerzan el gobierno comunitario y cuya sanción en caso de incumplimiento, puede ser más drástica que aquellas que se producen en el modelo de partidos, en donde el incumplimiento de acciones en beneficio de la sociedad por parte de la clase gobernante, poco preocupa al titular del poder (el representante). Los valores comunitarios sin duda ayudan a amalgamar la fuerza de la costumbre y darle el sentido más fuerte a la representatividad política.

De esa forma, la realidad que impera sobre la representación política ya no es controlada por los partidos políticos, los cuales no dejaron de actuar como espacios de poder excluyentes a las necesidades sociales, por lo que la emergencia de la representación en la vía independiente, como la comunitaria, permiten darle otro sentido, a partir de nuevos elementos, requisitos, razonamientos, valores y justificaciones que tratan de rehacer y reconstruir el sentido de la representación: la satisfacción de los intereses comunes.

La transición a esos nuevos esquemas requiere de cambios en diversas vías, no solamente jurídicas, sino también en la perspectiva cultural. Que las personas comprendan la importancia de una representación a partir de derechos sean políticos en la vertiente de partidos políticos así como en la de independientes, o bien, en la perspectiva comunitaria, que de igual forma, son parte del catálogos de derechos a favor de grupos originarios que a partir de la libre determinación y autonomía, están logrando cambios, en principio en las formas de elección, pero también en el ejercicio del poder político, dando un vuelco a la eficacia y eficiencia a partir de parámetros de derechos fundamentales y no de privilegios políticos.

El efecto de la representación se traduce en la eficacia, eficiencia y validez de las acciones de los gobernantes, quienes, de lograr entender su responsabilidad política frente a quien los designó, cambiaría la forma de ejercicio del poder.

VI. CONCLUSIONES

1. La representación política ha sido consecuente con la idea de lo político y la perspectiva en la cual, el gobernante requiere de un mecanismo de legitimación como instrumento para ejercer las atribuciones propias de las instituciones públicas que se encargan de la función de gobernar, principalmente las que son por elección popular, como el Ejecutivo y el Legislativo, sin olvidar que durante años los integrantes del poder Judicial también eran electos.

2. El origen de la representación se encuentra en la necesidad de hacer funcionar modelos republicanos y democráticos en los que la sociedad puede ser partícipe de la función de gobierno, sea directamente o mediante un representante que sea su voz ante las decisiones que se tomen por parte de las instituciones públicas.
3. Esa naturaleza de vinculación entre el gobernante y la sociedad a la que representa es un hilo muy delgado que, de no hacerse sólido, puede romperse y desviar el sentido propio de quien ejercer la función de gobierno.

   El diseño de la representación en el sistema jurídico en México ha tenido siempre esa tendencia a desviarse y tomar el camino de los intereses de la clase gobernante, dejando de lado las necesidades colectivas.
4. Los efectos han sido claros, la crisis de la representación por la falta de valores en la clase gobernante, una mejor regulación del modelo a efecto de evitar la enajenación respecto de la naturaleza de la representación.
5. Gran parte de la historia política relativa a la representación se explica a partir de la existencia de los partidos políticos. Durante los últimos años, el sistema político y electoral se han caracterizado por el control absoluto de los institutos políticos en la postulación de candidaturas y, por tanto, en el sentido de la representación, la cual no se puede entender ni explicar si no es a la luz de los institutos políticos.

   Sin embargo, el monopolio de las organizaciones políticas sobre la integración de las instituciones públicas se ha acompañado de los malos resultados que han tenido a lo largo de la historia ese modelo de representación, producto de la ineficiencia e ineficacia de los gobiernos a través de sus integrantes. Lo que, aunado a la falta de compromiso de los partidos con la sociedad y sus intereses, ha desembocado en la crisis de la representación.

6. Ante la realidad política, es necesario buscar elementos para reconstruirla y un camino son los derechos fundamentales, de forma especial los de corte democrático. Entender a la representación política no como un privilegio de algunos que pueden asumir el papel de gobernantes, sino como un derecho que tiene cada persona de votar y ser votado, permitirá arrinconar las intenciones que buscan desviar la representación y usar en beneficio propio. Ello en virtud de tener frente a esos derechos, herramientas para garantizar su ejercicio, que en caso de que no se logre ese objetivo, existan espacios para su justiciabilidad.
7. Para lograr lo anterior, se precisa de dos cosas. Primero, ampliar los instrumentos de garantía, no solamente a través de las organizaciones políticas, sino mediante las candidaturas independientes con un modelo jurídico-electoral de competitividad, segundo, regularse adecuadamente, con el fin de alcanzar mejores espacios para que la representación sea a favor de la sociedad que es quien elige al gobernante como parte de sus derechos políticos.
8. Pero aún más, ampliar y reconstruir la participación pasa por la apertura de nuevos caminos para su desarrollo y en ello están los grupos originarios que, como parte de una sociedad pluricultural, cada cultura tiene sus propias instituciones políticas que les permiten ejercer la representación desde una óptica muy distinta a la de los partidos y candidatos independientes. Reconocer esa nueva realidad mediante los derechos de autonomía y libre determinación de los pueblos indígenas, permite complementar el modelo que necesidad una sociedad heterogénea y que admite rehacer a la representación con ese modelo mixto, de partidos políticos e independientes, así como la autoridad tradicional.

9. Para ello es necesario ajustar diversos elementos, pero, sobre todo, hacer conciencia de la posibilidad que tienen la sociedad de transitar a nuevos modelos de representación que se reconstruyen a partir de los derechos fundamentales, sean individuales en el caso del sistema de partidos políticos e independientes, como colectivos en el caso de los comunitarios.

VII. FUENTES DE INFORMACIÓN

Andrews, C., Bravo, C., Carbajal, R., Arroyo, I., Delgado, F., Gantús, F., López, G., May, A., Noriega, Pérez, S., C., Ponce, M., Reynoso, I., Salmerón, A., Tapia, R., Sánchez, J., Souto, M., (2014), *Elecciones en el México del Siglo XIX, Las Fuentes,* Instituto Mora y Tribunal Electoral del Distrito Federal.

Antaki, I. (2004) *El Manual del Ciudadano Contemporáneo,* Ariel.

Anzaldo, G., Adnrews, C., Alcantar, E., Arroyo, I., Gantús, F, López. G., Noriega, C. Reyboso, I., Salmeron, A., Sanchez, J.C., Venegas, A., (2016) *Elecciones en el México del Siglo XIX. Las Prácticas,* Tomo I, Instituto Mora, Tribunal Electoral del Distrito Federal.

Aquino, C., Bilbao, J., Delgado, L., Federico. E., Garcia-Escudero, P., Luna, J., Greene, K., Matia, Francisco., Nava, S., Nieva, J., Olivetti, M., Penagos, P., Presno, M., Pérez, O., Rey, Spino, I., Sánchez, Al., Villafranco, C., (2016), *El Proceso Electoral Federal (2012). Las Polémicas Judiciales,* Tribunal Electoral del Poder Judicial de la Federación, Tirant Lo Blanch, CEDEPOL.

Aragón, M., Ávila, R., Catón, Carrillo, M., M. Picado, S., Fernández, M., Fernández, F., Jaramillo, J., Molina, L., Navarro, C., Nohlen, D., Orozco, J., Sabsay, D., Soto, L., Sottoli, S., Thibaut, B., Thompson, J., Urruty, C., Valverde, R., Zovatto, D., (2007), *Tratado de Derecho Electoral Comparado en América Latina,* Instituto Interamericano de Derechos Humanos, Universidad de Heidelberg, International IDEA, Instituto Federal Electoral, Tribunal Electoral del Poder Judicial de la Federación, Fondo de Cultura Económica.

Aragón O., Burguete A., Benítez, F., Cruz, E., Color, M., Espinoza, G., González, J., Jasso, Ivy., Montero, G., Ordónez, Jo., Pérez, L., Rosas, M., Sarmiento, S., Rñabago, M., Téllez, A., (2008), *Los derechos de los pueblos indígenas en México. Un panorama,* Secretaria de Cultura del Estado de Michoacán, División de Estudios de Posgrados de la Facultad de Derecho y Ciencias Sociales, Universidad Michoacana de San Nicolás de Hidalgo. Asociación de Universidades e Instituciones de Educación Superior, Congreso del Estado de Michoacán.

Attli, A., Bovero, M., Cuono, M., Ferrajoli, L., Greppi, A., Sau. R, Salazar, P. Salazar, L., Rodríguez, J., Vitale, E., Woldenberg, J. (2014), ¿Democracia o *posdemocracia? Problemas de la representación política en las democracias contemporánea,* Fontamara.

Borowski, M., (2003), *La estructura de los derechos fundamentales,* Universidad Externado de Colombia.

Camarena, J., (1999) *Nuevo Derecho Electoral Mexicano,* (5° edición), IFE y editorial Constitucionalista.

De Sousa, B., (2009), *Sociología Jurídica Crítica. Para un nuevo sentido común en el derecho,* Trotta.

Duverger, M., (2002), *Los Partidos Políticos,* Fondo de Cultura Económica.

Ferrajoli, L., (2004), *Derechos y garantías. La ley del más débil,* Trotta.

Gargarella, R. (2014), *Crisis de la Representación Política,* (3era edición), Fontamara. Moctezuma, J., (1994), *José María Iglesias y la Justicia Electoral,* UNAM.

Nohlen, D., (1994), *Sistemas electorales y partidos políticos,* Fondo de Cultura Económica y UNAM.

Ostrogorski, M., (2008), *La democracia y los partidos políticos,* Trotta.

Schmitt. C., (2009), *El concepto de lo Político,* Alianza Editorial.

La representación política reconfigurada por el Estado abierto

Political Representation Reconfigured by the Open State

MONSERRAT OLIVOS FUENTES[30]

SUMARIO: I. INTRODUCCIÓN II. LA REPRESENTACIÓN POLÍTICA Y LA PARTICIPACIÓN CIUDADANA EN SU CONFIGURACIÓN. III. EL PARADIGMA DEL ESTADO ABIERTO IV. HACIA LA REPRESENTACIÓN POLÍTICA EN EL MARCO DEL ESTADO ABIERTO EN MÉXICO. V. CONCLUSIONES. VI. FUENTES DE INFORMACIÓN.

I. INTRODUCCIÓN

La configuración de un Estado abierto se sustenta en el cambio de organización social donde la vieja matriz estado-céntrica queda superada por una matriz socio-céntrica (Oszlak, 2016) al contemplar "la interacción entre estado y ciudadano en contextos informáticos, el cual se asienta sobre una filosofía política en la que la información pública es de los ciudadanos y debe estar a su disposición, tanto para fomentar la transparencia y

---

30 Doctora en Derecho por el Doctorado Interinstitucional en Derecho, posgrado que se encuentra dentro del Padrón Nacional de Posgrados de Calidad del CONACYT. Profesora investigadora de tiempo completo del Departamento de Derecho de la División de Derecho, Política y Gobierno de la Universidad de Guanajuato. Miembro del Sistema Nacional de Investigadores y Perfil Deseable PRODEP. Guanajuato, México

la participación como para una praxis que se oriente a cumplir ese principio" (Vera Martínez, 2018: 3).

El renovado modelo de interacción sociopolítica permite plantear un nuevo "modo para el diseño, implementación, control y evaluación de políticas públicas y para procesos de modernización administrativa, y que ubica al ciudadano en el centro de atención y prioridad, ofreciendo así una alternativa para la gestión de lo público". (Cruz Rubio, 2015)

Lo anterior marca la continuidad de importantes procesos de gestión pública que han evidenciado las deficiencias en la administración pública y los retos que pueden ser superados a partir de la colaboración con la ciudadanía y el empleo de nuevas herramientas tecnológicas que han marcado el cambio en los Estados contemporáneos.

Es así que representantes y representados pueden coincidir uno a uno en la medida que permitan reorientarse para gestar entornos que propicien la construcción de espacios de transparencia, rendición de cuentas, participación ciudadana e innovación tecnológica para fortalecer la gobernanza (Barrera Campos, 2015: 5).

Bajo este orden de ideas, el presente trabajo analiza los alcances del Estado abierto desde la comprensión de una renovada representación política que incorpore la colaboración e interacción con la ciudadanía, donde la información tiene un valor social que abre la posibilidad de mejorar sus condiciones y entorno.

II. LA REPRESENTACIÓN POLÍTICA Y LA PARTICIPACIÓN CIUDADANA EN SU CONFIGURACIÓN

La representación política es un concepto polisémico que históricamente se ha reformulado al incorporar ciertos aspectos para ajustarse a la realidad social, política, cultural y económica. Basta recordar a Hobbes quien postulaba un pacto entre individuos donde la representación se podía interpretar como una autorización acompañada del principio de que sí el soberano no era capaz de mantener la seguridad de los individuos estos se podían resistir al soberano.

Las múltiples reinterpretaciones del concepto marcadas por momentos determinantes como lo fue el pensamiento de los ilustradores, las luchas sociales tales como la Revolución Francesa o la Declaración de Independencia de Estados Unidos generaron cambios ante el agotamiento del Estado en sus múltiples variantes a través de la comprensión de la soberanía, la democracia o el derecho bajo nuevas ópticas que marcaban la continuidad o el rompimiento de viejos paradigmas, desdibujando la naturaleza, los alcances y límites de la representación política en la actualidad.

Por ejemplo, Pitkin (1985) considera que la representación está constituida por las siguientes dimensiones:

a) Representación como autorización.

b) Representación como responsabilidad.

c) Representación descriptiva.

d) Representación simbólica.

e) Representación como actuación sustantiva.

Dimensiones que no se entienden de manera aislada, sino que pueden estar estrechamente interrelacionadas unas con otras produciendo efectos positivos o negativos dependiendo de la relación que exista entre representantes y representados de una sociedad heterogénea con necesidades y exigencias distintas.

Entre los aspectos negativos, se encuentran las críticas del problema de la delegación que no se circunscribe solamente al modelo de la democracia representativa, sino que implica cualquier forma de acción colectiva. En este sentido, "el reto de la democracia define una tensión irreductible entre la necesidad de mediaciones institucionales y el imperativo de mecanismos de participación ciudadana." (Chaouch, 2012)

Por lo que "si los partidos como gobernantes necesitan mantener su credibilidad, y si el partido gobernante necesita ser legítimo, parece claro que necesitan ser considerados representativos. Para un político elegido no es suficiente ser un buen gobernante; sin un cierto grado de legitimidad representativa, ni los propios partidos ni sus dirigentes, ni siquiera el proceso electoral que les permite resultar elegidos será considerado con suficiente fuerza o autoridad. El resultado sería fomentar la falta de credibilidad y el escepticismo". (Mair,2015)

Basta observar como en el Informe de Latinobarómetro 2018, en seis países de América Latina aumenta la percepción de que se gobierna para todo el pueblo. Chile está en primer lugar con 8 puntos porcentuales, Costa Rica y Brasil 5, Paraguay 4, República Dominicana y Colombia 3, y México un punto porcentual (en el caso mexicano suma un 9% de la población que así lo percibe).

A partir de estos resultados tan desfavorables la participación ciudadana se constituye como un elemento imprescindible para la vigencia de la representación política ya que como refiere Velázquez (2017)

> La dimensión política del ciudadano aparece como el efecto directo de la percepción de su exclusión de un poder que le representa y que sin embargo mira como algo ajeno y externo. Es justamente esta exclusión la que permite actuar sobre ese poder que dice representar. Se introduce así un desvío a través del cual la representación política se convierte en una mediación que le permite a este cuerpo civil formado, operar políticamente sobre sí mismo.

Más aún cuando el citado Informe de Latinobarómetro 2018 también hace evidente la crisis de la democracia en América Latina, que se refleja en el aumento de un 51% en 2008 a 71% en 2018 de insatisfacción, donde además el 79% considera que se gobierna para unos cuantos grupos poderosos en su propio beneficio. Además, que el Estado mexicano, tiene una aprobación del gobierno del 18% y una confianza en el Poder Judicial del 23%, en el gobierno del 16%, en el congreso del 22% y de los partidos políticos de un 11%. Esta profunda falta de credibilidad y representatividad exige alternativas que permitan reivindicar el sentido democrático a partir de procesos de colaboración con las distintas instituciones públicas.

Aunado a que, en el Estado mexicano, 9 de cada 10 personas aún declaran que la corrupción sigue siendo un problema grave para el país, según el Barómetro Global de la Corrupción: América Latina y el Caribe 2019 elaborado por Transparencia Internacional.

En este contexto, en la medida que la incidencia de la participación ciudadana sea mayor la representación política se verá reivindicada ante los encuentros y desencuentros de las formas de democracia representativa o participativa deslegitimadas y cuestionadas ante el descontento, la falta de credibilidad y desconfianza hacia la clase política.

Es decir, se trata de incorporar a todos los actores en la toma de decisiones, en la forma e intensidad de los mecanismos que sean empleados para intervenir. Así como en la periodicidad de la participación para no limitarse en el ejercicio del voto sino en la construcción de decisiones con los distintos sectores de la población (mujeres, indígenas, personas con discapacidad, entre otros). (Del Campillo Lona, 2018)

Más aún cuando el sistema electoral mexicano, desde las reformas 2013-2014 replantea un nuevo modelo electoral donde el Instituto Federal Electoral se convirtió en el Instituto Nacional Electoral, con una lógica de centralización de la administración electoral, incorpora en el artículo 41, base V, apartado B, inciso a) de la Constitución Política de los Estados Unidos Mexicanos, nuevas atribuciones tales como la:

- La capacitación electoral.
- La geografía electoral federal y local.
- El padrón y lista de electorales.
- La ubicación de casillas y designación de mesas directivas federales y locales.
- Las reglas, lineamientos, criterios y formatos en materia de resultados preliminares, encuestas o sondeos de opinión; observación electoral; conteos rápidos; impresión de documentos y producción de materiales electorales.
- La fiscalización de ingresos de partidos políticos y candidatos.

Aunado a que los árbitros electorales federales, Tribunal Electoral del Poder Judicial de la Federación, Instituto Nacional Electoral y la Fiscalía Especializada en Delitos Electorales, así como los tribunales y órganos locales electorales, se enfrentan cada proceso electoral a garantizar la contienda con un número creciente de puestos de representación popular de la historia, debiendo asegurar los derechos político-electorales de votar y ser votados, con la incorporación de las candidatura independientes y el restablecimiento de la reelección en algunos de los puesto de elección popular, así como el respeto y la generación de garantías para cumplir con las reglas de equidad de género o inclusive la aprobación de acciones afirmativas para que en distritos federales con presencia significativa de indígenas, los candidatos sean indígenas bajo una autoadscripción calificada.

III. EL PARADIGMA DEL ESTADO ABIERTO

El Estado abierto, concebido de tal modo ante la amplitud e importancia que adquirió el gobierno abierto en todas las esferas y sectores, tiene como finalidad lograr una mayor eficacia bajo tres pilares fundamentales: la transparencia, la rendición de cuentas y la colaboración a partir de la participación ciudadana, empleando los avances tecnológicos que generen una nueva filosofía político administrativa (Cruz-Rubio, 2015).

La propuesta de cambio de modelo es la continuidad de importantes procesos de gestión pública que han evidenciado deficiencias en la administración pública y desafíos que pueden ser superados a partir de la colaboración con la ciudadanía y el empleo de nuevas herramientas tecnológicas que son indispensables en la actualidad.

En este tenor los sujetos obligados ya no pueden acotarse solo a cumplir con la obligación de brindar información o visibilizar las acciones que realizan los servidores públicos en el ámbito de su competencia ya que el derecho a saber, como derecho humano, presupone que no solo se conozca la información, sino que sea reutilizada, comprendida y evaluada para conocer el quehacer público, pero sobre todo que sus efectos permitan la atención de demandas, necesidades y preferencias.

En consecuencia, el proceso de comunicación debe incluir la colaboración con la ciudadanía y la constante deliberación con los ciudadanos en el entendido que solo así los resultados serán satisfactorios.

En términos prácticos, el Estado mexicano, lo incorporó en la agenda pública a partir de su estructuración formal de la Alianza por el Gobierno Abierto (OGP), desde el mes de septiembre de 2011, como uno de los ocho países fundadores, a efecto de plantearse la construcción de acciones que contribuyan a la transparencia, rendición de cuentas, participación ciudadana e innovación tecnológica en el gobierno para fortalecer la gobernanza y combatir la corrupción (Barrera Campos, 2015).

Esta iniciativa se expandió globalmente para incorporar a 75 países, 15 gobiernos locales y miles de sociedades organizadas, quienes tienen la encomienda de elaborar e implementar un plan de acción, el cual es reportado a efectos de conocer los avances, las acciones y las alternativas que pueden ser observadas a través del OGP en la publicación de *Renewed Promises in Challenging Times* (2017).

En el caso mexicano, como obra en el medio de difusión de la Alianza para el Gobierno Abierto de México, el proceso de construcción de los planes de acción se realiza (a partir de diciembre del año 2011) por un Secretariado Técnico tripartito, que actualmente está integrado por un núcleo de diez organizaciones de la sociedad civil, el Instituto Nacional de Transparencia, Acceso a la Información Pública y Protección de Datos, y el Gobierno Federal.

Durante los siete años de la formal integración de esta estrategia, se han desarrollado tres planes nacionales de acciones (los correspondientes a los años 2011-2013, 2013-2015 y 2016-2018), modificando los procesos de elaboración a efecto de ampliarlos y hacerlos más plurales para que los compromisos puedan ser más transformadores.

En el último y vigente Plan de Acción Nacional en la Alianza para el Gobierno Abierto, se articulan los principios de gobierno abierto con los Objetivos de Desarrollo Sostenible de la Agenda 2030 de Naciones Unidas, además de que la construcción de los compromisos incorporó las siguientes etapas:

a. Consulta pública: durante 2015 se llevó a cabo una consulta pública por internet para identificar los ejes temáticos en los que se centraría en el Plan de Acción.

b. Jornadas abiertas: ejercicios abiertos al público en general para identificar problemas públicos prioritarios y sus causas, según los ejes temáticos.

c. Mesas de trabajo: ejercicios de colaboración entre funcionarios, académicos, expertos y miembros de organizaciones de la sociedad civil para definir metas a dos años e identificar líneas de acción, en función de los problemas públicos y sus causas.

Los esfuerzos de esta agenda nacional han influido para que existan iniciativas de gobiernos abiertos en lo local. Sin embargo, el impacto y los efectos que se han generado a partir del estudio de Métrica de Gobierno Abierto, que incluye a 908 sujetos obligados observados a partir de 3,635 solicitudes de información, revisión de portales de internet, búsqueda en internet, revisión de normas y ejercicios de usuarios simulados, evidencian el largo camino que falta por recorrer en el caso de la participación ciudadana, pues nos arroja que existe poca o nula evidencia de seguimiento a mecanismos de participación ciudadana y a la incidencia de dicha participación en los gobiernos (Cejudo, 2017).

Por ejemplo en la iniciativa de Cocreación desde lo local, generada desde 2015 de la Dirección General de Gobierno Abierto y Transparencia del INAI en el marco del Sistema Nacional de Transparencia en las que hasta marzo del año 2020 participan 30 entidades federativas a efecto de propiciar e incentivar la adopción, implementación y evaluación sistemática de prácticas de gobierno abierto en las entidades federativas y los municipios para la solución de problemas públicas de alto impacto, se cuenta únicamente con 21 planes de acción y existen declaratorias de contar con más de seis meses de inactividad en Baja California, Guerrero, Morelos, Querétaro y Sonora.

Bajo este escenario, se observan esfuerzos importantes internacionales, nacionales y locales en la instrumentación e implementación, sin embargo, insuficientes para que el Estado abierto tenga la capacidad de contar con una ciudadanía empoderada y trabajando de la mano con las instituciones del Estado para la búsqueda de soluciones de las distintas problemáticas que aquejan a la ciudadanía.

IV. HACIA LA REPRESENTACIÓN POLÍTICA EN EL CONTEXTO DEL ESTADO ABIERTO EN MÉXICO

En el Estado mexicano contemporáneo, la representación política se explica a través de los procesos de democratización que permitieron el tránsito hacia la pluralidad de la oferta partidaria y de la implementación de mecanismos y garantías que aseguraran la competencia electoral al amparo de un sistema electoral compuesto por los principios y reglas que se debían observar.

De esta forma, la revitalización de la representación política a partir de la década de los setentas al configurar el voto ciudadano como la forma de legitimación del poder público y la modificación de la normatividad para hacer posible la entrada en escena a distintas opciones en la contienda electoral marcaron un cambio que resultaría en la alternancia en el poder, la pluralidad de partidos y la generación de pesos y contrapesos.

Esta transformación gradual de los partidos políticos que osciló del partido hegemónico a un sistema más plural y competitivo, hacían evidente como el gobierno se ejercía por quienes encabezaban a los partidos políticos, representando opciones ideológicas diversas que permitían implementar políticas públicas de acuerdo con las mismas, siendo juzgados electoralmente conforme a su desempeño, como enfatiza Casal Bértoa (2017) en la recensión de la obra de Peter Mair.

Sin embargo, a pesar de las trasformaciones para hacer posible que los ciudadanos estuvieran en condiciones de elegir entre una pluralidad de opciones a representantes a nivel federal, estatal y municipal, fue insuficiente para alcanzar la verdadera calidad de la representación ante la falta de "autenticidad de la pluralidad de la oferta política y la capacidad de los representantes para canalizar a la demanda ciudadana". (Chahouch, 2012)

Es así que la lucha por obtener y mantener el poder ha generado un irremediable distanciamiento de los representantes con sus representados permeada por una profunda desconfianza, descontento y falta de credibilidad ante los reiterados actos de corrupción (Tabla 1), la opacidad, el secretismo, el ocultamiento de lo realizado, la astringencia de recursos, la ausencia de personal apto y capacitado, por mencionar algunos.

TABLA 1. ÍNDICE DE PERCEPCIÓN DE CORRUPCIÓN EN EL SECTOR PÚBLICO EN MÉXICO

AÑO DEL REPORTE	PUESTO	PUNTAJE
2002	57	3.6
2003	64	3.6
2004	64	3.6
2005	65	3.5
2006	70	3.3
2007	72	3.5
2008	72	3.6
2009	89	3.3
2010	98	3.1
2011	100	3.0
2012	105	3.4
2013	106	3.4
2014	103	3.5
2015	111	3.1

2016	123	3.0
2017	135	2.9
2018	138	2.8
2019	130	2.9

Fuente: Elaboración de la autora con base en los informes globales de Transparency International del año 2002 al 2017. Consultable en: http://www.transparency.org/research/cpi/overview.

Índice de percepción de corrupción que no mostró ninguna mejoría cuando se gestó el cambio político, la pluralidad y ausencias de mayorías por un solo partido en las legislaturas locales a partir del año 2000. Inclusive el desencanto de la ciudadanía cuando se esperaban mayores contrapesos en las decisiones del Poder Ejecutivo y no se observaron diferencias notables en la producción, aprobación y rechazo de legislación en gobiernos divididos y unificados (Patrón, Fernando, y Pérez, Rosa María, 2012).

Aunado a los resultados del Informe de Latinobarómetro 2018, que refieren que en Brasil el 90% de su población considera que se gobierna para unos pocos, mientras que en México es el 88%, percepción que se vio reflejada en la elección de "presidentes extra muros del sistema político, ante la fuerte queja al sistema político, es decir, se trata de dos países que opinan casi unánimemente que no se gobierna para ellos, y en consecuencia, eligen a un presidente fuera del *establishment* tradicional para probar mejor suerte.

Elección en donde los representantes electos se contraponen ideológicamente pero que en ambos casos se genera por el efecto del síntoma de clausura extrema del campo político (Bourdieu, 2000), entendiendo a la clausura no solo con el déficit de representatividad, sino también de pérdida de pluralidad; pues va acompañada de un proceso de uniformización de las lógicas y agentes del campo político.

En suma, en la crisis actual de la representación Chahouch (2012) se pueden distinguir cuatro elementos:

- Inadaptación de los sistemas tradicionales de representación.
- Distancia creciente entre élites políticas y ciudadanía.
- Radicalización y homogeneización de las lógicas oligárquicas del campo político.
- Falta de alternativas sustanciales en términos de programas políticos, lo que hace que la posibilidad de elegir sea vista como ilusoria.

Ahora bien, como modificar estos patrones de comportamiento en el sistema político a efecto de contar con mayores alternativas en la representación política ante una clase política que se concentra en el poder y no se preocupa ni ocupa en conectarse con la ciudadanía y sus demandas.

Bajo este contexto, cobra relevancia la configuración del Estado abierto, el cual centra su atención en la colaboración y participación ciudadana, previa garantía de la visibilidad de la información y de la rendición de cuentas. Por lo que se presenta una nueva alternativa a la representación política que le permita edificar la conexidad que se requiere entre representantes y representados.

Sin dejar de considerar que la sociedad mexicana se comprende a partir de la pluralidad y multiculturalidad que le caracteriza, basta observar que se cuenta con 68 lenguas y 364 variantes lingüísticas en todo el país, además de que el 21.5% del total de la población se considera indígena, de acuerdo a datos de la encuesta intercensal 2015 del Instituto Nacional de Estadística y Geografía (INEGI).

Asimismo, sigue vigente la batalla por los derechos políticos de las mujeres que no se agotó con el ejercicio del sufragio femenino, sino que se intensifica para lograr la reconfiguración de la participación política de las mujeres que impulsen y fortalezcan la presencia en los espacios públicos y el reconocimiento de la igualdad de derechos.

Es decir, se trata de que la representación política incorpore a las distintas manifestaciones del pensamiento, que las mayorías y minorías se encuentren representadas, que existan alternativas para el diálogo y la confrontación de los distintos tipos de pensamiento, en una ampliación simbólica de los fenómenos que emergen (De Sousa, 2006) ya sea un pequeño movimiento social o una pequeña acción colectiva producto de un diálogo, ya que no pueden estar absortos al reclamo de nuevos procesos de producción, de valorización de conocimientos válidos, científicos y no científicos, y de nuevas relaciones entre diferentes tipos de conocimiento, a partir de las prácticas de las clases y grupos sociales que han sufrido, de manera sistemática, destrucción, opresión y discriminación causadas por el capitalismo, el colonialismo y todas las naturalizaciones de la desigualdad en las que se han desdoblado; el valor de cambio, la propiedad individual de la tierra, el sacrificio de la madre tierra, el racismo, al sexismo, el individualismo, lo material por encima de lo espiritual y todos los demás monocultivos de la mente y de la sociedad –económicos, políticos y culturales– que intentan bloquear la imaginación emancipadora y sacrificar las alternativas. (De Sousa, 2011)

Esta pluralidad de información, opiniones, ideas, demandas o preferencias pueden ser recogidas a partir de la sinergia que ocurran en el Estado abierto, en la medida de que exista una verdadera colaboración con la ciudadanía y que en la participación ciudadana se busque la construcción de soluciones a las demandas y necesidades.

En donde la información adquiera un valor social en la medida que satisfaga el acceso intelectual y social (Luna, 2012), es decir, que se conozcan los mecanismos para el acceso e interpretación de la información y que se encuentren disponibles en el sector de la población o de la comunidad a partir de herramientas que permitan su comprensión y empleo.

De forma que el cambio de organización social en el que la vieja matriz estadocéntrica logre sustituirse en la matriz socio-céntrica (Oszlak, 2016) al contemplar "la interacción entre estado y ciudadano en contextos informáticos, el cual se asienta sobre una filosofía política en la que la información pública es de los ciudadanos y debe estar a su disposición, tanto para fomentar la transparencia y la participación como para una praxis que se oriente a cumplir ese principio" (Vera Martínez, 2018: 3).

Con ello la construcción de la representación política se sustentará a través de la comprensión de la diversidad, en donde encuentren cabida todos los sectores e ideologías de la población, en donde la ciudadanía cuente con información que le permita participar en el entorno donde se desarrollan para su apropiación y empleo a efecto de mejorar sus condiciones.

Es en ese momento de inflexión en donde el Estado puede lograr la colaboración y articulación. Inclusive los partidos políticos, candidatos independientes o cualquier actor político, tendrá un mejor y mayor conocimiento del contexto social, económico y cultural de la población.

V. CONCLUSIONES

Primera. El dinamismo inherente al concepto de la representación política ha reformulado históricamente su naturaleza, alcances y límites adecuándose a los distintos cambios sociales, políticos y económicos.

En la actualidad, la profunda crisis de la representación política que se manifiesta en el distanciamiento de representantes y representados, ante la desconfianza, el descontento y la falta de legitimidad, busca en la participación ciudadana reencausarla y reivindicarla sustancialmente.

Segunda. El Estado abierto, en la última década, se ha planteado superar los viejos vicios de la administración pública asegurando la apertura de la información, opiniones e ideas en posesión de los sujetos obligados a efecto de brindar mejores y mayores herramientas para la colaboración y la participación ciudadana, empleando las tecnologías de la información y comunicación.

Tercera. El conjugar al Estado abierto con la representación política, es un mecanismo que permite explotar los modelos innovadores en el empoderamiento de la ciudadanía y de su participación, capitalizando los esfuerzos para lograr cambios que permitan el pleno goce de los derechos humanos y el desarrollo pleno de las personas.

VI. FUENTES DE INFORMACIÓN

Bourdieu, P. (2000). Propos sur le champ politique. Lyon: PUL

Casal Bertóa, F. (2017). Gobernando el vacío: la banalización de la democracia occidental. *Revista Española de Ciencia Política,* España, 44, 304-305.

Chaouch, M. T. (2012). Crisis de la representación política y democratización en México: de la generalidad y especificidad del caso. *Desafíos,* 24(1), 15–36.

De Sousa Santos, B. (2006). La Sociología de ausencias y la Sociología de las Emergencias: para una ecología de saberes. En *Renovar la teoría crítica y reinventar la emancipación social.* Buenos Aires: CLACSO.

De Sousa Santos, B. (2011). Introducción: las epistemologías del sur. En *Formas-Otras. Saber, nombrar, narrar, hacer.* Barcelona: CIDP ediciones.

Del Campillo Lona, J. F. R. (2018). Partidos y representación política: La democracia en México del siglo XXI. Política y Cultura, 50, 9–30.

Luna Pla, I. (2012). Pobreza informacional y el derecho de acceso a la información pública. Un problema de capacidades. Transparencia y Privacidad.

Mair, P. (2015). *Gobernando el vacío. La banalización de la democracia occidental,* Madrid, Alianza.

Oszlak, O. (2016). Gobierno abierto: el rumbo de los conceptos. En: Hofmann, Andrés, et al (coord.). *Gobierno abierto y el valor social de la información pública.* México: UNAM-IIJ, 2016.

Patrón, F. y Pérez, Rosa M. (2012). Aproximaciones parala medición del poder efectivo de los congresos estatales en México a través de la producción legislativa. Una revisión de ocho entidades federativas. *Revista Legislativa de Estudios Sociales y de Opinión pública.* 5(9), pp. 7-38.

Pitnik, H. (1985). *El concepto de representación.* Madrid: Centro de Estudios Constitucionales.

Pring, C. (2017). *Transparency International, Las personas y la corrupción: América Latina y el Caribe. Barómetro Global de Corrupción,* Alemania, p.6.

Velázquez Ramírez, A. (2017). Pensar La Representación Política Como Ciudadanía: Notas Para Un Debate Histórico Conceptual. Andamios, 14(35), 1–27.

Vera Martínez, Martín Cutberto. (2018). Los datos abiertos y el plan de acción de gobierno abierto en México 2013-2015. *Nóesis: Revista de Ciencias Sociales y Humanidades* (en línea), 27(54), 1-18. Disponible en https://doi.org/10.20983/noesis.2018.2.1

Legislación

Constitución Política de los Estados Unidos Mexicanos, publicada el 5 de febrero de 1917, cuya última reforma fue publicada el 6 de marzo de 2020.

Informes

Barómetro Global de la Corrupción: América Latina y el Caribe. (2019) Transparencia Internacional.

Informe Latinobarómetro. (2018) Corporación Latinobarómetro, Santiago de Chile. Disponible en: http://www.latinobarometro.org/lat.jsp

Transparency International (2002). Corruption perception index. Disponible en: https://www.transparency.org/en/cpi.

Transparency International (2003). Corruption perception index. Disponible en: https://www.transparency.org/en/cpi.

Transparency International (2004). Corruption perception index. Disponible en: https://www.transparency.org/en/cpi.

Transparency International (2005). Corruption perception index. Disponible en: https://www.transparency.org/en/cpi.

Transparency International (2006). Corruption perception index. Disponible en: https://www.transparency.org/en/cpi.

Transparency International (2007). Corruption perception index. Disponible en: https://www.transparency.org/en/cpi.

Transparency International (2008). Corruption perception index. Disponible en: https://www.transparency.org/en/cpi.

Transparency International (2009). Corruption perception index. Disponible en: https://www.transparency.org/en/cpi.

Transparency International (2010). Corruption perception index. Disponible en: https://www.transparency.org/en/cpi.

Transparency International (2011). Corruption perception index. Disponible en: https://www.transparency.org/en/cpi.

Transparency International (2012). Corruption perception index. Disponible en: https://www.transparency.org/en/cpi.

Transparency International (2013). Corruption perception index. Disponible en: https://www.transparency.org/en/cpi.

Transparency International (2014). Corruption perception index. Disponible en: https://www.transparency.org/en/cpi.

Transparency International (2015). Corruption perception index. Disponible en: https://www.transparency.org/en/cpi.

Transparency International (2016). Corruption perception index. Disponible en: https://www.transparency.org/en/cpi.

Transparency International (2017). Corruption perception index. Disponible en: https://www.transparency.org/en/cpi.

Transparency International (2018). Corruption perception index. Disponible en: https://www.transparency.org/en/cpi.

Transparency International (2019). Corruption perception index. Disponible en: https://www.transparency.org/en/cpi.

Breves reflexiones sobre las candidaturas independientes. La experiencia en Michoacán: una mirada desde la sociedad

Brief Reflections on Independent Candidates. The Experience in Michoacán. a Look from Society

JOSÉ ALFREDO TAPIA NAVARRETE[31]

SUMARIO: I. INTRODUCCIÓN II. EL ESPÍRITU DE LAS CANDIDATURAS INDEPENDIENTES EN EL MARCO JURÍDICO MEXICANO. III. EL CASO CASTAÑEDA GUTMAN EN SEDE INTERNACIONAL. IV. LOS EFECTOS DE LA LUCHA CIUDADANA Y LAS CONSECUENCIAS DE LAS REFORMAS CONSTITUCIONALES Y LEGALES EN MÉXICO. V. EL PASO A LAS REFORMAS LEGALES VS. EXPECTATIVA SOCIAL. VI. LAS CANDIDATURAS INDEPENDIENTES Y EL CASO MICHOACÁN. VII. CONSIDERACIONES FINALES. VIII. FUENTES DE INFORMACIÓN.

I. INTRODUCCIÓN

El tema de las candidaturas independientes en México, es sin duda uno de los grandes "triunfos" en sede social, refiriéndome a ello en el sentido de la lucha que se llevó a cabo en su momento por miembros de la sociedad civil frente a un sistema electoral y la colusión de intereses daban lugar a un diseño institucional

31 Maestro en Derecho Constitucional, actualmente es Director General de la Comisión de Búsqueda de Personas del Estado De Michoacán, docente de la Universidad Latina de América y de la Universidad Michoacana de San Nicolás de Hidalgo.

que se enmarcaba en el encausamiento a los partidos políticos como único camino para el acceso al poder.

En el documento, se destacan las particularidades que se fueron generando en nuestra historia contemporánea de la democracia mexicana, mismas que permitieron una de las reformas constitucionales de gran calado para el fortalecimiento de la participación democrática y la generación de mayores posibilidades de competir en el ámbito electoral a miembros de la sociedad civil que, de manera libre, ordenada e institucional buscasen incursionar en la vida pública sin tener que pasar por los mecanismos de un sistema de partidos de manera directa.

Ante el escenario nacional y bajo la gran expectativa que generó la reforma en materia electoral, se analiza, a manera de ejemplo; el caso en Michoacán, destacando principalmente el escenario y resultado que se dio en su capital, Morelia; el cual se aborda y reflexiona, más allá del contexto técnico-jurídico que, la formación jurista pudiese obligar; en un intento de expresión y de análisis objetivo, más como un miembro de una sociedad que desea realmente encontrar nuevas y efectivas formas de representación y de participación política competitiva, más allá de las que conocemos desde los orígenes del impulso a la democracia en nuestro país y en la entidad, me refiero a los multicitados partidos políticos.

Al finalizar el trabajo, como base del contenido, se cuestiona si realmente las candidaturas independientes están formadas a la luz del derecho internacional de los derechos humanos y en sede constitucional, puesto que la elaboración de la ley secundaria y los procesos electorales actuales, han dejado mucho que desear a la sociedad en general y, más allá de convertirse en un modelo a seguir, han causado en corto plazo, un desencanto que nos pone a reflexionar, dado el serio riesgo de continuar y cumplir su función para llevar al poder a los ciudadanos fuera de los partidos políticos.

II. EL ESPÍRITU DE LAS CANDIDATURAS INDEPENDIENTES EN EL MARCO JURÍDICO MEXICANO

Ante las condiciones de participación política en los partidos instituidos, la cuáles se han ido degradando paulatinamente por el devenir del tiempo, ya por su selección antidemocrática de precandidatos y postulación de candidatos a cargos de elección popular, por su alejamiento con la militancia y la sociedad, la corrupción y el pragmatismo, entre otros factores, se dio una lucha en el terreno jurídico para lograr nuevas fórmulas que acercaran al "ciudadano de a pie"[32]

No obstante que la figura de candidato ciudadano y/o independiente, ya se concebía, en legislaciones locales en nuestro país[33] se puede concebir que dan un salto cualitativo a partir del año de 2012, cuando son contempladas en nuestra Constitución Política de los Estados Unidos Mexicanos,[34] pero sobre todo, por la concesión de nuevos elementos que les daban, además de viabilidad legal en sede constitucional, verdaderas posibilidades ante una sociedad "cansada" de los

---

32 Denominación del ciudadano común que le interesa la participación política para la resolución de conflictos en sociedad.

33 Sonora y Yucatán, Zacatecas, Quintana Roo, Coahuila y Nayarit, respectiva y cronológicamente.

34 Constitución Política de los Estados Unidos Mexicanos artículos 35, fracción II, "Son derechos de la ciudadanía: II. Poder ser votada en condiciones de paridad para todos los cargos de elección popular, teniendo las calidades que establezca la ley. El derecho de solicitar el registro de candidatos y candidatas ante la autoridad electoral corresponde a los partidos políticos, así como a los ciudadanos y las ciudadanas que soliciten su registro de manera independiente y cumplan con los requisitos, condiciones y términos que determine la legislación;" y 116 respectivamente.

partidos políticos que gradualmente fueron perdiendo legitimidad y, en consecuencia, representatividad al llegar al poder.

Sumado a lo anterior, el concierto internacional fijaba su mirada en México luego de la batalla legal que el Profesionista Jorge Castañeda Gutman llevó hasta la Corte Interamericana de Derechos Humanos ante la "negativa" del orden jurisdiccional mexicano de contemplarles en la normativa nacional, lo cual, luego del resolutivo de órgano internacional, daba grandes posibilidades de la participación "ciudadana" para competir, fuera de los partidos políticos.

En dicho sentido las reformas al marco constitucional daban pauta a la participación política para "competir" por el poder y garantizar efectivamente los derechos políticos consagrados en la Convención Americana sobre Derechos Humanos, la cual señala en su artículo 25:

> 1. Toda persona tiene derecho a un recurso sencillo y rápido o a cualquier otro recurso efectivo ante los jueces o tribunales competentes, que la ampare contra actos que violen sus derechos fundamentales reconocidos por la Constitución, la ley o la presente Convención, aun cuando tal violación sea cometida por personas que actúen en ejercicio de sus funciones oficiales. 2. Los Estados Partes se comprometen: a) a garantizar que la autoridad competente prevista por el sistema legal del Estado decidirá sobre los derechos de toda persona que interponga tal recurso; b) a desarrollar las posibilidades de recurso judicial, y c) a garantizar el cumplimiento, por las autoridades competentes, de toda decisión en que se haya estimado procedente el recurso.

Como se observa, el contexto marcaba la pauta para que la reforma que, si bien contempló la posibilidad de votar y ser votado para el ciudadano mexicano, la ley secundaria o el marco regulatorio no existía.

Por todo lo anterior, uno de los imperativos que en el concierto democrático se ha demandado en muchos momentos, es sin duda, no solamente la participación de ciudadanos, ya por la vía de los partidos políticos o de manera ciudadana, como es el caso, sino que realmente el sistema garantice la competencia electoral para generar posibilidades serias y efectivas de acceso al poder.

Sumado a lo comentado, surgen ciertas inquietudes que sustentan el presente trabajo, ante el ejercicio reciente de participación política de los candidatos independientes bajo el constructo normativo que, a juicio de quien escribe, siguen frenando la posibilidad de acceso al poder en igualdad de condiciones que los partidos políticos, violentando el espíritu y fondo de la reforma Constitucional a la luz de los derechos humanos, lo cual salta a la luz en los resultados del proceso electoral pasado, ello en tanto, durante el proceso electoral 2014-2015, en el que un total de 128 candidatos independientes fueron registrados para contender por diversos cargos, tanto a nivel federal, como a nivel estatal y municipal. (Tribunal Electoral del Estado de Michoacán, 2015)

III. EL CASO CASTAÑEDA GUTMAN EN SEDE INTERNACIONAL

Para efectos de la primera reflexión debemos recordar que la fórmula, en sede Constitucional de la candidatura independiente surge NO de una concesión del Estado Mexicano, tampoco de la generación espontánea, por el contrario, nace de la lucha e impulso desde la sociedad civil ante las crecientes deficiencias en el manejo de los partidos políticos para el acceso ciudadano al poder.

A decir, en México como en Michoacán, sin duda alguna; el descontento generalizado de la sociedad civil, no solamente la no militante o simpatizante de alguna expresión política, sino de los propios miembros de los institutos políticos, se encontraban literalmente "atrapados" a los procesos y mecanismos internos para poder acceder a algún cargo de elección popular, incluidas las actividades político-administrativas en cualquiera de los poderes del Estado Mexicano.

En dicho sentido vale la pena tocar como referente del reinicio de vida de las candidaturas independientes el caso Castañeda Gutman, el cual se resume y se citan algunos datos del análisis de Carlos María Pelayo Möller, Santiago J. Vázquez Camacho (2009) realizan y que viene a ilustrar el recorrido en nuestro derecho nacional para llegar a sede internacional:

> ... el 5 de marzo de 2004 presentó ante el Instituto Federal Electoral (IFE) su solicitud de registro como candidato independiente a la Presidencia de los Estados Unidos Mexicanos para las elecciones de 2006. El 12 de marzo de 2004 la Dirección Ejecutiva en Prerrogativas y Partidos Políticos del IFE notificó al señor Castañeda la **negativa** de su registro como candidato independiente, ya que conforme a la ley electoral: 1) corresponde **exclusivamente** a los partidos políticos nacionales el derecho de solicitar el registro de candidatos a cargos de elección popular...

Ante dicha negativa de las autoridades administrativas y jurisdiccionales que se apoyaba en sede constitucional y que siempre nos ha dado la pauta de **"Votar y Ser Votados"**, acudió a tribunales internacionales, el 12 de octubre de 2005, el señor Jorge Castañeda Gutman demandó ante la **Comisión Interamericana de Derechos Humanos** (CIDH) la violación —*inter alia*— a sus derechos humanos consagrados en los artículos 23 (derechos políticos) 14, 25 (protección judicial) y 15 de la Convención.

Por todo lo anterior, siendo procedente su demanda la resolución de la CIDH condenó a México a completar, en un plazo razonable a:

> La adecuación de su derecho interno a la Convención, de tal forma que ajuste la legislación secundaria y las normas que reglamentan el juicio de protección de los derechos del ciudadano de acuerdo con lo previsto en la reforma constitucional de 13 de noviembre de 2007, de manera que mediante dicho recurso se garantice a los ciudadanos de forma efectiva el cuestionamiento de la constitucionalidad de la regulación legal del derecho a ser elegido

IV. LOS EFECTOS DE LA LUCHA CIUDADANA Y LAS CONSECUENCIAS DE LAS REFORMAS CONSTITUCIONALES Y LEGALES

Además de los efectos que la resolución de la CIDH generó ante la lucha ciudadana por lograr que la participación política-electoral de miembros de la sociedad civil, fuera de los partidos políticos, se diera en nuestro marco jurídico nacional; sumada a la "algarabía" de quienes sabían que el sistema electoral y de acceso a los espacios de poder en México estaban, además de desgastados, corrompidos y manipulados por las élites en el sistema político nacional, se dieron efectos directos e indirectos que, por lo menos, dieron la esperanza de nuevos escenarios de participación política, de entre estos se destacan los siguientes:

1. Se rompe el monopolio de los partidos políticos.
2. Abre la participación de los ciudadanos
3. Se sienta un precedente de cumplimiento internacional.

4. El sistema de representación se ajusta a las figuras ciudadanas
5. El sistema democrático se complementa con la llegada de "los ciudadanos"
6. El sistema jurisdiccional recibe un impacto al contemplarse además del amparo el juicio para la protección de los derechos civiles de los ciudadanos.

En dicho contexto y como se observa, no se trató de una concesión interna del Estado Mexicano, mucho menos de los propios partidos políticos, lo cual incluye a los órganos legislativos y nivel federal y local, se trata de una conquista ciudadana, por lo menos así se sintió previo al inicio operativo de esta figura que se recuperaba a la luz de nuestra Constitución Política de los Estados Unidos Mexicanos.

V. EL PASO A LAS REFORMAS LEGALES VS. EXPECTATIVA SOCIAL

Ante las circunstancias y de no existir alguna otra salida, ante la presión internacional y nacional a quienes detentaban el control político ante las diversas instituciones electorales, se llegó a las reformas político-electorales de 2012, en el sustento a dichas reformas, se observaba un razonamiento que, en papel parecía que la aparición en sede legal de las candidaturas ciudadanas sería una realidad desde una visión y expectativa democrática en el que se perfilaban posibilidades serias y viables de acceso al poder sin el apoyo y sombra de los Partidos Políticos, sin presión de los poderes fácticos, si incurrir en irregularidades económicas (uso y abuso de recursos y programas públicos, entre otros).

Pareciera pues que, cualquier ciudadano, podría, cumpliendo los requisitos de la norma y de su procedimiento, ver materializada su posibilidad de ser representante popular de los mexicanos, en este caso que se aborda a manera de ejemplo y que se desarrollará más adelante, el de los Michoacanos. No obstante, el debate generalizado se ha dado en lo local, regional y nacional con relación a las perspectivas de igualdad para competir, sin embargo; a la fecha diversos tratadistas coinciden en la apreciación de Carlos Báez Silva y Martha Alejandra Tello (2015), quienes consideran que:

> Mientras los partidos políticos tienen un proyecto de permanencia en el tiempo, que tiene por objeto allegarse de simpatizantes y militantes que auxiliarán al partido con su voto en distintas elecciones para formar tal gobierno, los independientes tienen un proyecto que se extingue naturalmente con la elección, y su pretensión se circunscribe al resultado de la contienda correspondiente y no pretende la formación de cuadros o de estructuras de gobierno permanentes, por lo cual resulta incorrecto asemejar a dos estructuras que son esencialmente distintas. Mientras los partidos políticos viven y realizan sus actividades permanentes con base en los recursos que les son proporcionados por el Estado en forma permanente y de acuerdo con los resultados que mantenga en la actividad política, los candidatos independientes no cuentan con esos recursos en forma permanente sino sólo durante el proceso electoral respectivo, que limita la posibilidad de construir economías de escala que sirvan para todas las actividades políticas que desarrollen, incluyendo las distintas campañas políticas que emprendan.

La esencia misma de la reforma y a efecto de dar vida al anhelo de los mexicanos y mexicanas del acceso al poder y ser representantes y responsables de la toma de decisiones en el País, insisto, por lo menos en papel se veía viable.

Manera de ilustrar el escenario de las candidaturas independientes y dentro de los objetivos de la reforma es importante considerar (Carlos Báez Silva y Martha Alejandra Tello, 2015)

El apoyo ciudadano que deben reunir los candidatos independientes como requisito para la obtención de su registro como aspirantes, es excesivo y desproporcionado, toda vez que se les exige un número muy alto de firmas para la obtención del registro —el estándar internacional es del 1%—[8] y se establecen mecanismos que resultan insostenibles, tales como la presentación de la credencial para votar y el llenado de un formulario que atenta contra la privacidad de la preferencia electoral, aun cuando éste no puede entenderse como la expresión de un voto como tal.

De igual forma, la perspectiva sobre el modelo de candidatos independientes en la normativa electoral producto de la reforma de 2014,

> (...) establece que se constituirán bolsas de financiamiento y de espacios en radio y televisión para los candidatos independientes, que en su conjunto serán considerados como un partido político de nueva creación. En ese sentido, sólo participarán en el reparto del 30 por ciento de la cantidad determinada como franja igualitaria. Con ello, la reforma abonará a la participación ciudadana y a que los mexicanos que opten por esta vía para buscar un puesto de elección popular compitan en condiciones de equidad con los candidatos postulados por los partidos políticos (Ejecutivo Federal, 2014).

Bajo la praxis que se ha venido manejando, el espíritu de la resolución internacional del caso Castañeda Gutman, las reformas constitucionales y legales frente a la propia expectativa y perspectiva ciudadana, pareciere que la lucha y resistencia se dio en el ámbito legislativo en donde el control de los partidos políticos es claro e inminente, ya que, más allá de lograr flexibilidad, proporcionalidad y competitividad en las fórmulas expuestas, generaba serias dudas que a la postre se materializaron ante el fracaso de dichas figuras, dada la incompetencia ciudadana frente a los partidos políticos en México.

Magnas preguntas surgieron y siguen quedando en el aire al no tener respuestas reales en la praxis que demuestren lo contrario, entre estas, manifiesto algunas:

1. ¿De verdad la solicitud de porcentajes de obtención de apoyo ciudadano le da la posibilidad a un ciudadano de a pie para lograr el objetivo?

2. ¿Es suficiente y equitativo el trato que se le da a un ciudadano común al de un partido de reciente creación en los medios de comunicación masiva para lograr trascender y efectivizar su derecho de acceso al poder y a la representación?

   Señala Flavia Freidenberg (2017) como cualquier candidato, los independientes requieren recursos para poder ejercer de manera plena el derecho a ser votados. Sin esos recursos monetarios y sin acceso igualitario a los medios de comunicación no es posible hacer campaña (SM-JDC429/2015, 11 y SUP-JDC-602/2012 y acumulados). En este sentido, la posición de los órganos jurisdiccionales va encaminada a mejorar las condiciones de institucionalización de estas candidaturas y, con ello, se busca hacer más equitativas las reglas de la competencia cuando se emplea este mecanismo de participación política.

3. ¿Se puede considerar que dichas reformas político-electorales dan realmente vida y viabilidad a las candidaturas independientes llevando a la sociedad de a pie, quien está o estuvo fuera de los partidos políticos a un cargo de elección popular?

Sin duda que son preguntas que saltan a la vista cuando los resultados de los primeros ejercicios nos arrojaron lo contrario y han puesto en riesgo la lucha ciudadana y el espíritu de la participación política bajo los principios de equidad e igualdad en la contienda.

VI. LAS CANDIDATURAS INDEPENDIENTES Y EL CASO MICHOACÁN

Desde un punto de vista particular, siempre pensé que si había una entidad a la que le venía muy bien la reforma político-electoral del 2012 en materia de candidaturas independientes, por su pluricomposicón social, por su diversidad en varias perspectivas, (cultural, social, económica, ideológica) por el desgaste de los partidos políticos, de los dirigentes o cuadros políticos, por sus divisiones, por la falta de ideología y la ambigua representación de la sociedad en sus diversos cargos, por el fenómeno de la corrupción y la incursión de los grupos fácticos, entre estos el del crimen organizado, era sin duda a Michoacán.

Por lo menos se daba una expectativa nueva para romper con los monopolios partidistas y cacicazgos locales y que a la fecha, aún y con divisiones y fragmentaciones, siguen teniendo el control político y el acceso al poder sin preocupación alguna de la sociedad participante, mediante los procesos electorales ya conocidos.

No obstante que en el escenario nacional se vislumbraron candidaturas eminentemente ciudadanas, realmente es difícil de indagar si detrás de estos actores se dio un esfuerzo propio para lograr el acceso al poder. En Michoacán, entidad de origen, no fue la excepción, en dicho marco es que concentro la reflexión que se ha venido plasmando en cada capítulo.

En su momento, al inicio de dichas figuras yen el marco del proceso local, según registros de candidaturas independientes ante el Instituto Electoral de Michoacán (IEM) fueron de origen, más menos, 54 personas para 45 municipios michoacanos y 28 para poder contender a candidatos a diputados locales, en total la cifra ascendería a 82 aspirantes.

Del total de dichos aspirantes al final solamente lograron su inscripción formal para efectos de participación: 11 candidatos y candidatas 1 para diputación local y 11 para presidente municipal (Efrén Arellano, 2015)

Previo a la elección, la efervescencia en el ámbito nacional y local era muy interesante, sin embargo, algo pasó para que una mínima parte pudiese llegar a ser representante "ciudadano" por la vía de las candidaturas ciudadanas, el caso más emblemático para la entidad, por sus repercusiones políticas y sociales, incluyendo el rompimiento del monopolio de los partidos políticos fue el Ayuntamiento de Morelia, encabezado en su momento por Alfonso Martínez, quien, luchando contra los requisitos marcados por la norma: los tiempos, los recursos económicos a implementar, entre otros aspectos, logra, junto con otras figuras llegar a la Presidencia Municipal con el 27.70% de los votos emitidos. (Lagunes López, Oscar Nicasio y Arellanes Jiménez, Paulino Ernesto, 2015)

De entrada, pareciere que la fórmula de la que hablamos, funcionó, que la ley electoral con sede constitucional logró su encomienda, abrir un mecanismo democrático para la participación de los ciudadanos en los procesos electorales en la entidad, pese a todo y todos.

Sin embargo, tendríamos que irnos al debate sobre la esencia misma de lo que se pretendió desde Sede Internacional y Constitucional, me refiero a que cualquier ciudadano pudiese lograr en contienda igualitaria con los partidos políticos lograr vencerles en un terreno parejo o igualitario, pero en esencia no fue así, desde una perspectiva personal y ciudadana.

En primera instancia, los candidatos que lograron acceder a un puesto de elección popular bajo las reglas actuales en normativa electoral, eran figuras públicas consolidadas en el imaginario social y político, producto de escisiones partidistas, con una carrera o trayectoria ya en el servicio público, con posibilidades de alianzas fácticas incluyendo a los propios partidos políticos; luego entonces hay elementos extraordinarios que le permitieron confrontar la elección bajo un contexto social, que bien se vale decir, de molestia con los partidos tradicionales, de pleitos internos y de desgastes añejos entre otros.

Al final, el contexto jurídico en sede legislativa le dio la oportunidad a un candidato que, se escindió de un partido político, pero que a toda luz tenía ya una trayectoria que difícilmente podría ser comparable con miembros de la sociedad en general, posición que le dio la oportunidad de acceso al poder por la fórmula de las candidaturas independientes, distando mucho de serlo. Al ser la primera experiencia ciudadana con trascendencia en la entidad, solamente se abrieron las puertas para repetir la historia y seguir a la espera de la ciudadanización de dichos espacios y fórmulas.

Dentro de las preguntas que debemos de hacernos para reflexionar es: ¿Tiene la responsabilidad quien se inscribe en dichas condiciones? El caso de Alfonso Martínez, entre otros a quien en teoría se le llamaría de los *political insiders*, que cuentan con experiencia previa en el gobierno y tienen trayectoria de militancia en los partidos políticos.

Considero que definitivamente no, no obstante, de que el marco normativo actual da la pauta a que dichos escenarios se den, considero que esto va contrario al espíritu mismo de la constitución y el reclamo internacional y social.

VII. CONSIDERACIONES FINALES

Lo anteriormente expuesto, lleva a las siguientes reflexiones que se mencionan y se hace énfasis para una perspectiva de reorientación legislativa:

Primero. Si queremos realmente que se dé vida a la participación de los Ciudadanos de los *political outsiders*, quienes no cuentan con previa experiencia en el terreno político administrativo" de los ciudadanos de a pie, resulta toral una reforma legal para que aquellos quiénes en contra sentido trae ya esa trayectoria, conexiones, recursos, principalmente conexión con los partidos políticos, deban de estar fuera de estos por lo menos con el tiempo necesario para ciudadanizarse.

Segundo. De no reformarse la ley en el escenario actual, las candidaturas independientes serán espacios que no llenará el ciudadano, sino el ex miembro de algún partido político o grupo fáctico (incluyendo a miembros del crimen organizado) que, al no encontrar posibilidad alguna en su Instituto, pueda inscribirse por la vía "ciudadana" pero utilizando elementos que ponen en desventaja al de a pie y que no necesariamente se enmarcan en un contexto legal. (Recursos públicos, entre otros)

Tercero. Por otro, lado, existe el necesario análisis sobre la fórmula de apoyo para el independiente, tanto en lo económico como en los porcentajes de manifestación ciudadana, sus tiempos de campaña, los de promoción en los medios de comunicación de no ser así, se seguirá en la tentación del uso de recursos económicos y humanos fácticos, incluyendo el apoyo de los otrora partidos políticos en alguna de sus facciones internas.

Es así, que en la visión de Oscar Nicasio Lagunes López y Paulino Ernesto Arellanes Jiménez (2016), *Michoacán es la entidad que menos tiempo destina a los aspirantes a diputados y alcaldes para lograr el apoyo ciudadano; junto con Nuevo León, son los estados que menos días dan para reunir las firmas a los que buscan la candidatura a gobernador.*

Cuarto. Es trascendente que la visibilización de la democracia para una transformación real del escenario político, el desarrollo social y económico por lo que implica la representación y los compromisos que se establecen, que, dicho sea de paso, difieren a los de los partidos políticos quienes han abonado al fracaso de la confianza ciudadana y del sistema representativo, Lo cual en la praxis no sucede.

Quinto. Bajo el espectro normativo actual, se abre la posibilidad de que las fuerzas políticas, según las circunstancias, puedan postular candidatos por la vía de los partidos políticos y, a la par de ello, también bajo la fórmula de candidaturas "independientes".

Con todos los elementos vertidos y bajo mi muy particular punto de vista, en México, como en Michoacán no ha logrado acercarse al espíritu constitucional para avanzar en el terreno de la democracia bajo el diseño legal actual.

Por otro lado, la experiencia de Morelia, caso emblemático ya tocado; lejos de acercarnos al ideal de la experiencia ciudadana en el gobierno, ha decepcionado a la sociedad en la posibilidad de incursión por dicha vía a la representación política.

Sexto. En contra sentido, hoy, quienes en algún momento, bajo un discurso en contra del sistema de partidos, por todo lo que se ha contemplado y que es de conocimiento público, lucharon por acceder al poder público se encuentran en el intento (prácticamente un hecho) de conformación de nuevos partidos políticos locales y nacionales, dando un mensaje claro y contrario a la sociedad, por ende al poder legislativo, para que; en breve, se lleve a cabo un análisis de fondo que logre consolidar las candidaturas independientes, ciudadanas, para el efectivo acceso al poder público y la real representación política.

Séptimo. En consecuencia, uno de los elementos que deben de cuidarse es el tiempo de separación de los posibles candidatos de alguna fuerza política para intentar una contienda más equitativa.

En ese análisis, es toral que se siga el debate de manera pública por parte de las autoridades electorales, congresos de los estados, la federación y la academia, actores que sin duda; juegan un papel trascendental para, con su experiencia interna e inmediata, puedan resolver algunos aspectos operativos que permitan una eficaz y transparente forma de captar la voluntad de la sociedad en apoyo de los independientes, evitando con ello, subterfugios que en nada abonan a la legitimidad de quienes contiende y, en su caso; llegan al poder.

Actualmente, aunque los partidos políticos ya no tienen el monopolio en la postulación de candidaturas de acuerdo con el principio de mayoría relativa, sí la tienen en la postulación de candidaturas según el principio de representación proporcional. La prohibición normativa en el acceso de candidatos independientes a las candidaturas por este principio también se debe de revisar ya que viene a vulnerar el principio de equidad.

VIII. FUENTES DE INFORMACIÓN.

Caso 12.535 Castañeda Gutman vs. Los Estados Unidos Mexicanos. Recuperado de: http://www.cidh.oas.org/demandas/12.535%20Jorge%20Castaneda%20Gutman%20Mexic o%2021%20marzo%202007%20ESP.pdf

Colección sentencias relevantes no. 5. El derecho a ser votado y las candidaturas independientes. Caso Michoacán. Recuperado de: https://www.te.gob.mx/candidaturas-independientes/

Constitución Política de los Estados Unidos Mexicanos. Recuperado de: https://www.diputados.gob.mx/LeyesBiblio/pdf/CPEUM.pdf

Convención Americana sobre Derechos Humanos. Recuperado de: http://www.cidh.oas.org/demandas/12.535%20Jorge%20Castaneda%20Gutman%20Mexic o%2021%20marzo%202007%20ESP.pdd

Convención Americana sobre Derechos Humanos. Recuperado de: http://www.cidh.oas.org/demandas/12.535%20Jorge%20Castaneda%20Gutman%20Mexic o%2021%20marzo%202007%20ESP.pdf

El caso Castañeda Gutman. Recuperado de: http://www.cidh.oas.org/demandas/12.535%20Jorge%20Castaneda%20Gutman%20Mexic o%2021%20marzo%202007%20ESP.pdf

Freidenberg. Flavia. Cuando la ciudadanía toma las riendas. Desafíos de las candidaturas independientes. En *Comentarios a las Sentencias del Tribunal Electoral.* Editorial TEPJF

Gobierno de México. (2014). Reforma político-electoral. Recuperado de: https://www.gob.mx/cms/uploads/attachment/file/3080/EXPLICACION_AMPLIADA_REFORMA_POLITICA_ELECTORAL.pdf

Hernández Olmos, Mariana. La importancia de las Candidaturas Independientes. Cuadernos de Divulgación de la justicia electoral. México 2012.

Lagunes López, Oscar Nicasio y Arellanes Jiménez, Paulino Ernesto, "Entre la partidocracia y la independencia. Las candidaturas independientes en las elecciones de 2015", en Oscar Nicasio Lagunes López (coord.), Los nuevos dilemas de la democracia en México, Libro en prensa

Magistrados de la Sala Superior. Omisión de los congresos locales de legislar sobre candidaturas independientes. Diálogos Judiciales. México 2016.

Pelayo Moller, Vázquez Camacho. El Caso Castañeda ante la CIDH. Recuperado de: https://revistas.juridicas.unam.mx/index.php/derecho-internacional/article/view/311/546

Romero Márquez Raúl. Coordinación editorial. La (in)justicia Electoral frente a las candidaturas independientes a la Presidencia. Análisis jurídico del caso Jaime Heliodoro Rodríguez Calderón vs. Consejo General del Instituto nacional Electoral.

Tribunal Electoral del Poder Judicial de la Federación (2015). Las candidaturas independientes en el proceso electoral 2014-2015. Recuperado de: https://www.te.gob.mx/candidaturas-independientes/node/72

Representación, partidos políticos y efectividad del sufragio en los municipios

Representation, Political Parties and Suffrage Effectiveness in the Municipalities

CARLOS SALVADOR RODRÍGUEZ CAMARENA[35]
HÉCTOR CHÁVEZ GUTIÉRREZ[36]

SUMARIO: I. INTRODUCCIÓN. II. LA DECEPCIÓN CIUDADANA. III. EL MARCO JURÍDICO DE LA REPRESENTACIÓN. IV. LA REPRESENTACIÓN POLÍTICA. V. DEMOCRACIA, REPRESENTACIÓN Y PARTIDOS POLÍTICOS. VI. LOS PARTIDOS POLÍTICOS Y LA PRESENTACIÓN DE CANDIDATURAS. VII. LOS PARTIDOS Y LA EFECTIVIDAD DEL SUFRAGIO EN LOS MUNICIPIOS. VIII. REFLEXIONES FINALES. IX. FUENTES DE INFORMACIÓN.

I. INTRODUCCIÓN

La democracia está en peligro. México se está convirtiendo en una democracia de indiferentes; la aceptación del autoritarismo gana adeptos. Hay desencanto y decepción con la política.

---

35 Doctor en Derecho, Profesor e Investigador Titular "B" de tiempo completo de la Universidad Michoacana de San Nicolás de Hidalgo.

36 Doctor en Ciencias Sociales por el Colegio de México, actualmente es Profesor e Investigador en la UMSNH.

Este breve estudio comienza con un análisis de encuestas que han evaluado el estado de la democracia en nuestro país, como base para entender las razones y factores de la decepción que tiene el ciudadano de pie con el sistema democrático mexicano y las expectativas que deposita, en cada elección, de tener un mejor país.

Los mexicanos, en general, no sienten estar representados. Es posible que un factor importante de este sentimiento sea el desconocimiento del alcance legal y doctrinal del significado de "representación política". Este documento borda brevemente este aspecto, para seguir luego con el análisis del papel que juegan los partidos políticos en la triada representante-representado-gobierno.

En función de este papel, posteriormente se analiza la relación existente entre democracia, representación y partidos políticos y el grado de democracia que puede alcanzarse si el comportamiento de las dirigencias de los partidos se ajustara no ya a lo que dicta la literatura teórica, sino al marco jurídico. Sobre estas reflexiones, se generan otras que tienen que ver con la manera en que los partidos políticos presentan las candidaturas de sus aspirantes a puestos de elección popular y la efectividad del sufragio.

Finalmente, se reflexiona sobre la política partidista y la efectividad del sufragio en el ámbito municipal, y se presenta una propuesta para potenciar la democracia desde la base primigenia de la sociedad civil y política en México: el municipio.

II. LA DECEPCIÓN CIUDADANA

Los ciudadanos de América Latina se quejan de que hay, en general, un retroceso en el entorno social, político y económico (Corporación Latinobarómetro [CL], 2019).

CL (2019) revela en su encuesta, para México, que sólo el 14% de los entrevistados considera que el país está progresando, en tanto que solo para el 9% la situación económica actual del país es muy buena. Con independencia de lo que digan los indicadores económicos, el 54% dijo que hay una mala situación económica.

Generalmente, se acepta que existe una correlación entre el malestar económico y la intención del voto. México vivió un proceso electoral en 2017-2018, que implicó el cambio del Ejecutivo federal. Los datos aportados por CL, para México, pueden dar cuenta del peso que tuvieron en la intención del voto para la elección presidencial. El mismo estudio da cuenta de la gigantesca carga de expectativas económicas futuras que pesa sobre el nuevo gobierno: el 47% de los encuestados pensaba que en el futuro mejoraría después de la elección. Estos resultados tienen una íntima conexión del entorno económico con una democracia en serios problemas. Subyació en el ánimo del elector el deseo de estar mejor, o incluso el de un simple cambio. En el caso de la elección mexicana la percepción del votante fue que se estaría mejor si el gobierno no es corrupto; el voto fue para quien prometió combatir la corrupción.

Pero, en general, la democracia está en peligro. Aunque el 55% aun considera que un régimen democrático es el mejor tipo de gobierno, solo el 16% está satisfecho con la manera en que la democracia mexicana funciona. México se está convirtiendo en una democracia de indiferentes: el estudio muestra que el 38% son ciudadanos desencantados y frustrados, a los que les da lo mismo quién gobierne. Solo a otro 38% sí le preocupa quién esté al frente del gobierno, en tanto que el 11% preferiría tener un gobierno autoritario.

El mismo estudio muestra que los ciudadanos confían muy poco en las instituciones gubernamentales: el 23% confía en el Poder Judicial; el 22% en el Congreso; y el 16% en el Gobierno. En cuanto a las instituciones que están a cargo del funcionamiento de nuestra democracia, solo el 11% confía en los Partidos Políticos y el 32% en el Tribunal electoral.

No se ofreció una medición específica para los organismos electorales ciudadanos.

Este panorama, que se agrava con la violencia y la corrupción que permea el entorno social, genera un trance que hace vulnerable a la democracia. El desencanto con la política ha llevado a la fragmentación de los partidos, a una crisis de representación y a la elección de líderes populistas (Abellán, 2013; Aláez *et al.*, 2014; Figueroa y González, 2018; García, 2011; IDEA Internacional, 2019; Lagos, 2018; entre otros). En suma, la ciudadanía refleja su decepción con la manera en que el Estado está organizado.

III. EL MARCO JURÍDICO DE LA REPRESENTACIÓN

La Constitución Política de los Estados Unidos Mexicanos ([CPEUM], 2020, arts. 39, 40 y 41) declara como voluntad del pueblo soberano, constituirse como una república **representativa** y **democrática**. El pueblo ejerce su soberanía mediante los Poderes de la Unión y por los de los estados, poderes que renueva periódicamente mediante elecciones libres y auténticas. Pero la Constitución es muy parca para delimitar el contenido de lo que implica el adjetivo "representativa".

De hecho, el legislador constituyente ha sido muy cuidadoso en el uso de los vocablos representación y representante. Cuando los usa nunca intenta definirlos ni darles contenido.

El artículo 35 (CPEUM, 2020) otorga a la "ciudadanía", que cuente con ciertas calidades, los derechos de votar en las elecciones populares, ser votada (la "ciudadanía") para cargos de elección popular y solicitar el registro de su candidatura. Este último derecho lo puede ejercer ya sea mediante los partidos políticos, o "de manera independiente", siempre y cuando cumplan con "los requisitos, condiciones y términos que determine la legislación". A través de esos cargos de elección popular, no lo dice, aunque se pueda inferir, algunos "ciudadanos y ciudadanas" representarán a la "ciudadanía".

En su artículo 41 estatuye a los partidos políticos como medios prácticamente monopólicos para "promover la participación del pueblo en la vida democrática" y "contribuir a la integración de los órganos de representación política" y "hacer posible su acceso (al pueblo, sujeto de la oración) al ejercicio del poder público". Esto implica, indirectamente, que los ciudadanos, parte del pueblo, que pretendan ser representantes del pueblo, deben pertenecer a un partido político. Para *tratar* de armonizar el derecho ciudadano a soliciten el registro de manera independiente (Art. 35), el artículo 41, establece para los candidatos independientes el derecho de acceso a prerrogativas para las campañas electorales, pero sujeto a los términos que establezca la ley reglamentaria; pero no dice que puedan "contribuir a la integración de los órganos de representación política", aunque el resultado en los hechos sea ese.

Los niveles de confianza en las instituciones en México son muy bajos (Romero, V. *et al.*, 2018). Quizá uno de los factores que más contribuye a entender estos niveles de confianza, sea precisamente el no sentirse representado. De ahí que sea importante saber qué podemos entender por representación política, para entonces estar en posición de poder ofrecer alguna solución.

IV. LA REPRESENTACIÓN POLÍTICA

Estar representado políticamente, o de gobernar por medio de sus representantes, es un derecho que ampara la Constitución. La representación política debe ser un tema fundamental para lograr una buena organización del Estado. La legitimidad de un sistema político resulta, en buena medida, del buen accionar de un sistema representativo.

El sistema político mexicano parece haberse estacionado en la alternancia y que reconoce el derecho del ciudadano al sufragio, a la elección de sus gobernantes y legisladores, sin lograr la articulación de mecanismos eficaces que propicien una legitimidad y organización eficaz que abran los espacios los ciudadanos para participar en la construcción de las decisiones públicas.

Cuando la representación no funciona, se produce una fractura en la legitimidad del poder. Esta legitimidad depende tanto de la legalidad (adecuación a los preceptos normativos) de los gobernantes, como de los procedimientos utilizados para acceder al poder. Esto es lo que suele denominarse de manera muy general, Estado de derecho.

Por supuesto, la calificación del apego a la legalidad y de los mecanismos utilizados depende de la percepción que domine en el cuerpo político social. Una sociedad está dispuesta a acatar las decisiones de quienes la representan cuando se sienten representados; cuando no es esa la percepción general, se sientan las bases de la desobediencia civil (Falcón, 2009; González, 2009; Marcone, 2009; Valadés, 2002).

El deterioro institucional que revelan las encuestas (CL, 2019, Romero *et al.*, 2018) corresponden a la percepción generalizada de la pérdida de legitimidad de los representantes, manifestada por el desdén por la política. De manera paradójica, algunos protagonistas de la política han expresado su desprecio por la política y por el derecho que la sustenta: ¡al diablo con las instituciones!

Así, pues, la convicción generalizada de la poca o nula legitimidad de los representantes produce la falta de acatamiento colectivo y voluntario de las decisiones de la autoridad. Los representantes políticos tienen frente a sí la gran tarea de lograr que la sociedad política confíe en ellos; si en el ámbito de las relaciones civiles es complicado obtener confianza, en el ámbito político es todavía más complicado por la imposibilidad de prever todas las posibles circunstancias en las que puede vivir una sociedad.

Pero, ¿qué tan representados están los ciudadanos políticamente hablando? El vínculo entre representantes y representados es muy tenue, porque no implica un mandato imperativo de los votantes para quienes reciben un voto favorable (Carré de Malberg, 1998, pp. 956 y ss.). De ahí la crítica, en su momento, de Rousseau (Contrato social, III, 15) cuando señalaba que los ciudadanos británicos sólo eran libres durante el fugaz momento que sufragaban.

El concepto de representación política está íntimamente relacionado con las ideas de democracia, justicia y libertad. La CPEUM ha organizado al Estado mexicano en la forma representativa de gobierno, pero ha reducido la garantía de participación de la cosa pública a la garantía de estar representado, al punto tal que la representación política parece haber quedado reducida a una simple delegación de derechos, eliminando la posibilidad de que los verdaderos titulares de esos derechos (los ciudadanos) puedan otorgar un mandato y solicitar rendición de cuentas por la gestión del apoderado.

Se ha dicho antes que se actúa ante el concepto de representación política como si todos comprendieran su alcance, como si no hubiera necesidad de reflexionar sobre él. La representación política debe abordarse desde la desconexión y desafección que existe entre el representante y el representado que se convierte en decepción.

La CPEUM solo ofrece un esbozo esencial del mandato representativo; la forma en que la clase política lo ha interpretado, ha auspiciado su destrucción, al permitir que los partidos políticos vayan más allá de ser meros instrumentos o cauces vehiculares en la formación de la representación política.

Es cierto que la intención de la CPEUM es construir una democracia representativa de partidos, al estilo de lo que pergeñó Laporta (2000); pero la praxis política la ha convertido lo que se ha denominado mandato imperativo de los partidos (Torres, 2011, p. 57). Pero los partidos políticos, cuya presencia se consideraba necesaria en una democracia (Kelsen, 1934, p. 34), han provocado esta ruptura de la relación tríadica entre ciudadano, partido político y representante.

Algunos factores, como la corrupción política, la financiación irregular de los partidos, las prácticas internas de los propios partidos, desembocan en un funcionamiento escasamente democrático de los mismos, o en el transfuguismo. (Martínez-Cousinou y Staffan, 2009; Peschard, J., 2018; Serra, 2016; Villoria, 2006). Una respuesta del Estado mexicano, para tratar de paliar estos problemas, ha sido implementar o reforzar los mecanismos de democracia directa, implementar la reelección o la revocatoria del mandato o el referéndum revocatorio.

Es prácticamente una opinión generalizada que, para mejorar el estado actual de la democracia, los partidos políticos ameritan una profunda reestructuración. El mandato representativo que disfrutan los legisladores de los congresos nunca ha funcionado; es necesario desmitificarlo (Torres, 2011, p. 55). El funcionamiento deficiente de los partidos políticos ha derivado en que el ciudadano se pregunte sobre el grado real de su participación en el sistema democrático.

La democracia del sistema político mexicano es representativa, lo que implica la interdicción del mandato imperativo; lo propio de la democracia participativa supone una pérdida de vigencia del mandato imperativo o la obsolescencia del mismo. El mandato imperativo remite a los parlamentos medievales del Antiguo Régimen, cuya representación era de origen estamental. Los representantes representaban solo a determinados estamentos, basados en un contrato de representación del derecho privado, donde se da una vinculación jurídica entre representante y representado. La actuación del representante se guiaba por los denominados "cuadernos de instrucciones". Si el representante incurría en incumplimiento de la función encomendada quedaba sujeto a las sanciones que correspondieran y, por supuesto, a la posibilidad de revocación de su mandato de representación. En ningún caso se impedía al representante pensar por su cuenta, pero se esperaba que el representante no defraudase la voluntad mayoritaria en cuestiones cruciales. Si había que deliberar, obligaría a los representantes a pactar y llegar a acuerdos con las comunidades que representan, lo cual no era tan negativo (Gargarella, 2002).

La función representativa se reveló incompatible con el mandato imperativo. Partir de los siglos XVII-XVII, los representantes necesitaban una libertad absoluta de actuación. Por la misma época se empezaron a gestar diversos conceptos, como la universalización del sufragio y la idea de la soberanía nacional. Estos conceptos, combinados con la necesidad de libertad de actuación, tiene como consecuencia inmediata que los diputados pasan a representar al conjunto de la Nación,[37] y no a una corporación o parte de la misma, al tiempo que dejan de estar sujetos a instrucción alguna. Se imposibilita la revocación de su mandato antes del periodo de finalización del mismo. Nace la ficción más política que jurídica, el mandato representativo, y entra en agonía la ficción jurídica, el mandato imperativo.

A diferencia del Pueblo (conjunto de las voluntades soberanas de cada individuo), la Nación (traducido como Estado), tendría voluntad hasta que los representantes la crearan. Edmund Burke (1887) en su famoso discurso a los electores de Bristol en 1774, manifestó que

> Parliament is not a congress of ambassadors from different and hostile interests, which interests each must maintain, as an agent and advocate, against other agents and advocates; but Parliament is a **deliberative assembly of one nation**, with

---

37 Constitución francesa de 1791, artículo 7 de la sección III, del capítulo I, del Libro III: "Los representantes nombrados por los departamentos no serán representantes de un departamento en particular, sino de la nación entera y no se le podrá dar ningún mandato".

> one interest, that of the whole—where not local purposes, not local prejudices, ought to guide, but the general good, resulting from the general reason of the whole. You choose a member, indeed; but when you have chosen him, he is not member of Bristol, but he is a member of Parliament.[38]

Ya no se representa a un estamento o sector social o circunscripción en concreto, ni se enfrentan intereses contradictorios: hay un solo interés, el bien general, que debe resultar del razonamiento de todos. Emerge un ente, de la combinación de todas las partes, distinto y superior a las demás: la Nación. El representante lo es de la Nación, un ente distinto y superior al de los ciudadanos.

No está dentro de los alcances de este opúsculo discutir a profundidad el concepto de representación. Se usará, para efectos de seguir con el análisis, el concepto ya clásico que propone Pitkin (1985, p. 233): es actuar en interés de los representados, pero actuando de manera independiente. Debe actuar con discreción y discernimiento. Esto no implica que el representado sea incapaz de acción y de juicio independientes y que se comporte meramente como alguien necesitado de cuidado. Representar es actuar por otros, pero no como harían otros: decide acerca de la voluntad de los órganos del Estado con arreglo a un proyecto o programa que presentan los partidos políticos en una concurrencia electoral ante los ciudadanos. No existe ni la posibilidad de que el representado concluya el mandato al representante, pero tampoco la posibilidad de que los partidos políticos que propusieron al representante cese su mandato a aquellos miembros que hubieran abandonado la formación política que les permitió concurrir a las elecciones.

38 Énfasis propio.

Estas son las líneas esenciales de la representación política. Parte de la presunción de que el representante es un "especialista" mucho más capaz que los representados, que quiere por los representados y que conoce el auténtico interés de los representados. El mandato de representación impide la posibilidad de que el representado intervenga directamente en la fijación de los contenidos; queda diluida su identidad (Pueblo) en el común de la Nación.

La representación política es, pues, un instrumento que permite hacer efectivo el derecho de participación de los ciudadanos. Los representantes políticos no representan a una parte de los electores, que fueron los que votaron a los partidos políticos por los que fueron elegidos, sino al conjunto del electorado. No se trata de que todos y cada uno de los representantes lo sean de todos y cada uno de los ciudadanos, sino que el **conjunto** de representantes representa al **conjunto** de los ciudadanos. Se presume (ficción política) que la voluntad del representante es la voluntad de los representados. Cuando se forma una mayoría de representantes para decidir una cuestión, deciden por todo el conjunto de ciudadanos. El desconocimiento de la formación de esa mayoría destruye la naturaleza misma de la institución representativa y vulnera el derecho de representación de todos y cada uno de los sujetos que son parte de ella.

Aunque las legislaciones modernas impiden el mandato imperativo, en la praxis política pervive en lo que se ha denominado mandato imperativo de los partidos (Camargo, 2000; Martin, 2010; Nava, 1998; Presno, 1999; Rostro, 2009). La prohibición del mandato imperativo debería prohibir, en la relación de los representantes con su partido, que aquellos reciban ordenes o instrucciones de los mismos.

Aunque teóricamente estas instrucciones responden a la oferta electoral de cada partido político, y de forma indirecta, recogen las preferencias expresadas por los ciudadanos al elegir a uno u otro partido, los grupos parlamentarios a veces actúan abiertamente de manera contraria a su programa electoral. Las cúpulas partidistas abandonan, por los motivos que sean, sus compromisos electorales. Los electores críticos (que no son muchos, para fortuna de los partidos y de los postulantes) deben esperar hasta la siguiente elección para castigar al partido o a su representante castigar al partido que votaron por no cumplir con programa electoral propuesto.

La consecuencia inmediata para los aspirantes a representantes, y lo saben muy bien, es que deben su presencia en las listas a las cúpulas de los partidos. Incluso cuando se presentan simulacros de elecciones primarias más o menos abiertas, es muy factible que siga siendo así. Por eso, lo más lógico es que los representantes acaten sin chistar los nuevos "mandatos imperativos" que les impone la cúpula y no invoquen la libertad con la que deberían conducirse. En los hechos, los representados no están en condiciones de exigir un mandato imperativo a sus representantes, pero las cúpulas partidistas sí.

Es fácil percibir que la tendencia a tener partidos con bajo nivel de afiliación, que se financian casi enteramente con dinero público y que están férreamente dominados por sus dirigentes, políticos que podríamos encasillar en "profesionales". Esta clase política de funcionarios conduce, por un lado, a los partidos al aislamiento social; y por otro, desde la perspectiva de sus estrictos intereses personales, a tratar de continuar el mayor tiempo posible, por cualquier medio de control, en sus cargos. Uno de esto medios ha sido el de promocionar a personas que, por su bajo perfil político y personal, jamás podrían convertirse en sus competidores potenciales; por supuesto, siempre tratarán de evitar apoyar a los que, por tener perfiles más destacados, podrían desplazarlos de sus posiciones (Blanco, 2015)

Estos controles se dan, en mayor o en menor medida en todos los partidos: les permite imponer, en cualquier momento, instrucciones de voto o sanciones si no las siguen. Por supuesto, la sanción máxima sería o correrlo del partido o dejarlo, pero sin permitirle repetir en las listas. Se da una clara divergencia, casi cotidiana nuestra la política, entre lo que proclama la teoría y muchos textos constitucionales,[39] sobre la prohibición del mandato imperativo y la realidad impuesta por la partidocracia, que se apoya en que los afiliados a un partido tienen la obligación de respetar lo dispuesto en sus estatutos y de someterse los acuerdos adoptados por sus órganos de dirección. No se puede, entonces, negar ni la existencia potencial del mandato imperativo de los electores, ni la del mandato imperativo de los partidos.

La propia CPEUM (arts. 55-VII; 59; 115-I; 116-II; 122-A.II y VI) en 2014 afianzó las bases del mandato de partido, al ceñir el derecho de los representantes a ser electo consecutivamente solo si es postulado por el mismo partido o por cualquiera de los partidos integrantes de la coalición que los hubieren postulado. La CPEUM establece, como excepción, que le representante haya renunciado o perdido su militancia partidista antes de la mitad de su mandato. La amenaza está implícita: haces lo que te indique la dirigencia del partido o la coordinación en los cuerpos legislativos, o no serás nuevamente postulado. De facto, se cesa en el mandato a aquellos miembros de partidos políticos, federaciones o agrupaciones que hubieran abandonado la formación política a través de la cual concurrieron a las elecciones. Impide al representante actuar, en consciencia, en interés de los representados, pero actuando de manera independiente.

Esto coarta el verdadero espíritu que impulsó esa parte de la reforma de 2014: que el elector reelija o no a su representante, en función dependerá de que el representado

---

39 En Europa, salvo la Constitución portuguesa, existen artículos que prohíben cualquier tipo de mandato imperativo.

sepa con exactitud qué ha hecho por él y cómo lo hacho. El elector premiará o castigará al representante en la siguiente elección, en función del conocimiento del representante de los intereses y la problemática de sus representados, de la comunicación entre los representados y el representante y el grado de cumplimiento de las expectativas del elector.

Sin embargo, ningún correctivo puede garantizar el funcionamiento idóneo del sistema representativo; es casi imposible evitar la hegemonía de los grupos directivos de los partidos, que condicionan la libertad electoral de los ciudadanos. Los paliativos que se introdujeron en 2019, las formas de consulta directa a la ciudadanía, presentan básicamente dos limitaciones: por un lado, no es posible asegurar la objetividad de la acción propagandística de los partidos y publicitaria de los medios; y en el momento actual, del Presidente y la forma en que manipula e interpreta la Constitución. La consulta plebiscitaria suele poner en manos de los jefes de gobierno un poderoso instrumento para someter tanto a los congresos como a organizaciones de la sociedad civil, o por lo menos para reducir su importancia y autonomía.

El concepto de representación política se configura, así, como una continua tensión entre el ideal y el logro, en el compromiso en la consecución del interés público, en la genuina representación del ciudadano elector. Es decir, no se trata de intentar sustituir los procedimientos de la democracia formal representativa sino, simplemente, de hacerlos funcionar adecuadamente, de generar fórmulas que aproximen a representantes y representados, evitando caer en las formas imperativas de relación.

Tendrá que pensarse en el elector, no desde su indefensión y desde su aislamiento actual, sino en la posibilidad de organizar su potencial colectivo. ¿Qué se podría hacer, sin cambiar el marco jurídico existente, pero haciéndolo valer?

V. DEMOCRACIA, REPRESENTACIÓN Y PARTIDOS POLÍTICOS

El grado de democracia de una sociedad aumenta en la medida que los ciudadanos revelen sus problemas, participen en la discusión pública y se sientan representados. Los partidos políticos pierden en la medida que dejen de canalizar y articular las demandas sociales. Su incapacidad para cambiar su estructura se traduce en pérdida de poder y falta de presencia en la ciudadanía. Pero el debilitamiento de los partidos sucede por el vacío que ellos mismos han creado, en la medida que la representación ha sido afectada por la corrupción y el clientelismo (Central Electoral, 2019; Martínez, 2009 y 2012; Romero, R., 2009; Rúa, 2013; Rubio y Jaime, 2008; Sidicaro, 2008).

La democracia necesita rehabilitar su representación política, no solo con el combate contra la corrupción, sino también con la adecuación de los partidos a las formas de comunicarse con los ciudadanos. Existe una crisis de representación porque los partidos políticos, con su estructura actual y los vicios internos que arrastran, son incapaces de representar a los ciudadanos (Joignant, 2013; Sánchez, 2014; Rodríguez, 2013).

La principal función de los partidos es fomentar la generación y la consolidación de ciudadanía y democracia. En función de la crisis de legitimidad de la representación política y la crisis por la que atraviesan los partidos políticos, el mejor lugar para lograr estos objetivos es en el ámbito municipal.

No es complicado asentir que el municipio, como ámbito de gobierno, se vincula de manera directa e inmediata con la sociedad y sus necesidades básicas. Es el actor primario al que acude la ciudadanía para buscar solución a sus problemas políticos y sociales. México cuenta con 2,457 municipios, donde habitan alrededor de 127 millones de habitantes. De estos, más de 72 millones viven en 2,357 municipios, medianos y pequeños, que cuentan con una población inferior a 100 mil habitantes. No es en los municipios grandes, relativamente privilegiados, porque concentran muchas de las actividades políticas, educativas y culturales más importantes, sino en los pequeños, donde los partidos políticos pueden y deben ser los actores decisivos en la formación de ciudadanía y democracia. Es una oportunidad de reivindicar el papel protagónico que le asigna la CPEUM.

El quid en estos municipios, utilizados como laboratorios de la democracia, sería encontrar la manera de impulsar una mejor representación de la ciudadanía en este ámbito. Es posible producir ciudadanía y democracia participativa impulsando formas diferentes en la conformación de los cuerpos edilicios, específicamente mediante la elección, no por planilla, como actualmente ocurre en casi todas las entidades federativas, sino de cada uno de los regidores por el principio de mayoría directa, asignando una regiduría por este mecanismo a una división territorial que se genere sobre la base de la totalidad de la población municipal. Veamos cómo se puede sustentar esta propuesta.

Los partidos políticos y representación. La CPEUM establece una función mediadora y articuladora para los partidos en la representación política. La democracia mexicana es una democracia de partidos políticos y ya se vio que difícilmente podría ser de otra manera. Sin la libertad de asociación política no puede haber democracia auténtica, pluralista. Sin embargo, sin partidos estables, socialmente arraigados y con un grado suficiente de cohesión y disciplina interna, no cabe esperar que la democracia sea una forma de organización política eficaz.

No se pierda de vista que la democracia tiene como sujetos a los ciudadanos, no a los partidos. Los partidos son instrumentos de la democracia. La democracia es de ciudadanos: si se sustituye totalmente por una democracia de partidos, se pervertiría la propia democracia.

Los partidos no agotan los causes de expresión del pluralismo jurídico ni agotan la expresión del pluralismo social. El primero puede y debe expresarse por medio de grupos de opinión no partidistas; el segundo, por las diversas formaciones colectivas que integran la diversidad de creencias e intereses que existen en una comunidad de hombres libres (Cordón, 2018; Coca y López, 2016; Canto, 2017; Pérez, 2017). La infundada creencia de que los partidos políticos pueden participar en todas las facetas de la vida social, ha generado el problema, que se debe atender y eliminar, de partidizar las organizaciones sociales para influenciarlas o dirigirlas, produciendo su disfuncionalidad e ineficacia, además de deteriorar la espontaneidad social. Los partidos deben limitar sus actividades al mundo de las instituciones públicas, definiendo con claridad la distinción entre lo político y lo social, tarea urgente si queremos fortalecer la democracia.

Los partidos políticos, en su calidad de organizaciones de ciudadanos de interés público, tienen la encomienda constitucional de promover la democracia por varios medios. El más importante es la integración de los órganos de representación política, al posibilitar el acceso de los ciudadanos al ejercicio del poder público.

En el entramado legal para el municipio mexicano, la CPEUM indica que debe ser gobernado por un ayuntamiento conformado por un Presidente Municipal y un número de regidores y síndicos indeterminado; es decir, deja en libertad al legislador local de configurar la ley en esta materia, en función de las características propias de la entidad federativa. Cada una puede determinar no solo la cantidad de personas que pueden conformar un ayuntamiento, además del presidente, sino las facultades y funciones de cada uno de sus miembros. La CPEUM tampoco indica qué mecanismos deben utilizarse para elegirlos, siempre y cuando sea mediante una elección popular directa.

La CPUM obliga a las legislaturas estatales a introducir en sus leyes "el principio de la representación proporcional en la elección de los ayuntamientos". Esto implica, en principio, que para la elección tanto regidores como síndicos se debe considerar este principio. No obstante, la mayoría los congresos estatales han eludido aplicar este principio para la elección de síndicos, mediante el simple expediente de considerar que cada ayuntamiento debe tener solo uno o dos, que van en la fórmula de representación por el principio de mayoría con el candidato a presidente municipal. La reforma constitucional de 2014, ya mencionada, introduce la posibilidad de reelegirse de manera consecutiva hasta por otro periodo, siempre y cuando el mandato no sea superior a tres años.

Bajo esta tesitura, con la facultad prácticamente discrecional que tienen en esta materia, las legislaturas locales pueden configurar un marco jurídico electoral que permita generar y consolidar ciudadanía y democracia mediante diversos mecanismos en los que los partidos políticos tendrían una participación relevante.

En un esquema que favorezca a partidos, ciudadanía e instituciones, se requiere que la estructura interna y funcionamiento de los partidos sean los más democrático posible, postulado muy fácil de enunciar, pero difícil de llevar a la práctica. No obstante, la pretensión no es imposible; es muy probable que la salida de la crisis de legitimidad y confiabilidad que hoy afecta a los partidos dependa, en no escasa medida, de la capacidad que tengan para dotarse de una razonable democracia interna.

El papel institucional de los partidos no es sustituir al pueblo, ni sustituir al Estado. No obstante, en muchos municipios la estructura orgánica gubernamental tiene, en gran medida, un carácter ficticio: en realidad esconde la voluntad de los partidos. Pretender que esa situación puede ser duradera, sería una actitud cínica y suicida: en una sociedad de hombres libres, más temprano que tarde, la autoridad pierde su condición de representante de la voluntad de todos y sus mandatos se dejan de obedecer porque no se sustentan en el interés general.

Que el gobierno no deba ser el disfraz de los partidos tampoco significa que no deba de tenerse muy en cuenta su función en aquellas organizaciones públicas que respondan a lógicas partidistas; esto es, a la lógica de las mayorías y las minorías producto de la representación. Pero esa lógica debe operar, exclusivamente, en los ámbitos legislativo y gubernamental, que es donde se manifiesta, legítimamente, el pluralismo político, sin que deba trasladarse a otros ámbitos, como el de la administración pública, u otras instituciones, cuyo funcionamiento debe descansar únicamente en razones de independencia y profesionalidad. Cualquier intento serio de fortalecer la democracia representativa debe incluir, necesariamente, medidas que tiendan a reforzar la importancia de los partidos en las instituciones donde esa representación sea expresa.

Estos vicios partidistas ponen de manifiesto la necesidad de revitalizar los partidos políticos acercándolos a la sociedad, desburocratizándolos y dotándolos de suficiente democracia interna para que puedan desarrollar el papel que les corresponde en la vida de las instituciones democráticas. Por supuesto, habría que sopesar muy seriamente los cambios que se requieran. Por ejemplo, si se propone un sistema de listas abiertas para integrar la militancia, habría que calcular el posible daño que pueden provocar en la estabilidad interna de los partidos. No hay democracia sin partidos, pero tampoco hay democracia sin libertades, entre ellas la de asociación política.

Revitalizar los partidos implica atender muchas facetas. Examinemos dos: la presentación de candidaturas y la efectividad del sufragio.

VI. LOS PARTIDOS POLÍTICOS Y LA PRESENTACIÓN DE CANDIDATURAS

Existen varios supuestos de la función electoral de los partidos, cuando presentan candidaturas. Uno de ellos es el monopolio que tienen los partidos para presentar candidaturas. Por sí solo, este monopolio no impide la inclusión de candidatos que no tengan pertenencia partidista; pero algunos partidos requieren, además, que un aspirante a candidato esté afiliado para que pueda ejercer su derecho de sufragio pasivo. En este supuesto, la obligación de la afiliación partidista sí lo impediría. Es un requisito criticable en la medida en que establece un monopolio absoluto de los partidos sobre la vida política democrática y porque parece difícilmente conciliable con el principio de igualdad (Armendáriz, 2011).

El ámbito municipal se ve afectado, porque de la misma manera en que únicamente los partidos pueden obtener diputados por el principio de representación proporcional, sólo los partidos políticos pueden, también, obtener lugares en los ayuntamientos por el mismo principio,[40] a no ser que la asignación de regidores se haga por el mecanismo de representación proporcional pura.[41] En este último caso, la planilla de un candidato independiente que no haya ganado la elección sí obtendrá la cantidad de regidores que le correspondan en proporción a la votación que hayan obtenido.

En suma, cuando a los partidos políticos se les atribuye el monopolio de la presentación de candidaturas en las elecciones y, además, cuando se exige la afiliación partidaria para ser candidato, supone el establecimiento de una muy fuerte

---

40 Ver párrafo segundo del artículo 297 del Código Electoral del Estado de Michoacán de Ocampo.

41 Ver artículo 241 de la Ley de Instituciones y Procedimientos Electorales para el Estado de Guanajuato.

limitación del derecho de sufragio pasivo para los ciudadanos, incluso si la finalidad que anima esa limitación sea la de organizar mejor el proceso electoral y la propia representación. Es cierto que refuerza a los partidos el considerarlos instrumentos fundamentales de la democracia representativa, pero ni los partidos deben ser los únicos medios de participación política de los ciudadanos, ni se debe recluir enteramente el ámbito de la política al ámbito de los partidos. Las consecuencias de hacerlo así están a la vista: anquilosamiento y burocratización excesiva de los partidos, distanciamiento entre éstos y la sociedad, y la clara desvirtuación del derecho de sufragio pasivo, que pasa de ser un derecho de todos los ciudadanos, a ser un derecho de un sector muy reducido de éstos.

No es probable, como ya ha quedado demostrado en los hechos, que las candidaturas independientes sean un quebranto para los partidos y que supongan un riesgo para la democracia. Al contrario, la democracia se ha fortalecido, no sólo porque pueden revitalizarla al acercar el poder a "todos" los ciudadanos, sino porque pueden revitalizar a los propios partidos, que quizá se sientan obligados a flexibilizarse y democratizarse ante la eventualidad de que los ciudadanos compitan por su cuenta en el mercado político.

VII. LOS PARTIDOS Y LA EFECTIVIDAD DEL SUFRAGIO EN LOS MUNICIPIOS.

Un derecho de sufragio "efectivo" y unas elecciones democráticas, cumplen unas funciones políticas de importancia básica. La primera es la de producir y garantizar, jurídica y procedimentalmente, la representación política. La mediación de los partidos en la articulación de esa representación la hace posible en cuanto canaliza en las instituciones el pluralismo de la propia sociedad. Una segunda función es la de producir "gobiernos". Mediante el sufragio los ciudadanos, pacíficamente, apoyan o niegan los programas de gobierno que se les presentan en la oferta electoral. Ese es el principio del "gobierno representativo", entendida la expresión tanto en sentido amplio, donde gobierno se identifica con el conjunto de las autoridades públicas, como en sentido estricto, donde gobierno es equivalente a Poder Ejecutivo (Aragón, 2007; Nohlen *et al.*, 2007).

Otra función del sufragio es producir una limitación del poder en el tiempo, en la medida en que el sufragio es democrático si la representación lo es por un periodo limitado. Elecciones libres equivalen, entre otras cosas, a elecciones periódicas. La limitación temporal del poder, junto a la funcional (división de poderes) y el material (derechos fundamentales) constituyen el presupuesto del Estado liberal democrático.

Quizá la función más importante del sufragio sea la función de legitimación del Estado, que no es separable de las otras funciones, porque es transversal a todas ellas, las engloba y se confunde con ellas. Mediante el sufragio se articula la participación del pueblo en el ejercicio del poder, unas veces directamente y otras indirectamente. La declaración constitucional de que la soberanía radica en el pueblo sólo se hace realidad en la medida en que está garantizado el derecho de sufragio, único instrumento mediante el cual se asegura verazmente la emisión de la voluntad popular.

La función legitimadora se cumple mediante el acto formal de la votación, pero también a través del proceso electoral, donde se produce una amplia comunicación entre representantes y representados, entre partidos y sociedad, que refuerza considerablemente la participación popular y que hace de las elecciones una verdadera escuela de ciudadanía y democracia. En la medida en que la representación política represente intereses generales, la función legitimadora del sufragio funge al mismo tiempo como función de integración en la comunidad política estatal.

En el cambio de fórmula electoral que proponemos para los municipios, si asignamos una regiduría a una circunscripción territorial, los candidatos deberán tener un acercamiento con sus electores potenciales durante el proceso electoral; además, el regidor ganador deberá seguir en contacto con sus electores, sobre todo si pretende ser electo consecutivamente. Un elemento importante sería que el candidato y su suplente tengan su lugar de **residencia** en la circunscripción donde pretenden ser elegidos. De otra manera estaríamos ante la posibilidad de que el partido designara como candidato a alguien ajeno al lugar geográfico donde se elegiría al representante popular.

La cantidad de regidores se determinaría en función ya de cantidad de electores nominales para cada demarcación territorial, o dividiendo el total de población municipal entre el número de regidurías que asigne el legislador estadual al municipio y considerando su geografía.

De esta manera, un regidor electo estará plenamente legitimado, sobre todo en los municipios medianos y pequeños, porque hay muchas posibilidades de que, al ser vecinos, conozcan al candidato de manera más cercana. El futuro representante estará más comprometido, atenderá los intereses de sus representados y deberá estar en constante comunicación con ellos. Los ciudadanos tendrán la sensación de que su voto es realmente efectivo y que están representados. Es una fórmula sencilla para producir ciudadanía y apuntalar la democracia.

Los partidos también tendrán la posibilidad de lograr más aceptación, por lo menos en el ámbito local. La cercanía les daría la posibilidad de estar más legitimados, de crecer en democracia interna y de atraer cuadros más valiosos que "los mismos de siempre".

Se requiere pensar en el elector, no desde su indefensión y desde su aislamiento actual, sino desde la posibilidad de organizar su potencial colectivo. Que el elector intervenga, incluso en la vida interna de los partidos, aunque sea por medio de presiones indirectas. Si existe repudio por el candidato presentado para la circunscripción municipal, el partido, si quiere competir, deberá proponer candidatos "presentables".

Un candidato presentable tiene mas oportunidad de establecer un circuito de comunicación entre él, el representado y el gobierno municipal. Como bono, reforzaría la autonomía funcional de los comités partidistas municipales.

VIII. REFLEXIONES FINALES

Existe un delicado equilibrio entre el respeto a la voluntad del electorado, a la disciplina de partido y al mandato representativo de los representantes populares electos, que se ha roto y debe repararse, si queremos mejorar un mejor país que ha transitado por una convulsa democracia en esta primera quinta parte del siglo XXI.

Para mejorar la democracia representativa y regenerar la confianza entre el representante y el representado, se hace necesario atender múltiples factores, muchos de ellos ajenos al marco jurídico, como la ética del representante y de los dirigentes de los partidos, o su responsabilidad y la de los partidos ante los ciudadanos, o el aumento de la cultura política, que debería producirse precisamente a partir de la actuación de los partidos en la sociedad.

Los representantes y los partidos no han entendido que su existencia y desarrollo en el campo político depende de su observancia a los principios de la representación y los cauces procesales de la democracia. De su actuar depende que se incrementen los niveles de confianza en las instituciones y la consolidación de la democracia. Los componentes sociales, políticos, económicos y culturales que conforman la estructura de una sociedad no actúan en forma separada; se combinan para producir el entramado social. No es menor, entonces, que el componente político mejore su funcionamiento, a través de una representación política que satisfaga mejor las expectativas de los representados.

Frente a la crisis que padece la democracia representativa, cuyos procedimientos no se propone sustituir sino, simplemente, fortalecerlos y hacer que funcionen adecuadamente. Uno de ellos operaría desde el ámbito del municipio, rediseñando la conformación del órgano político municipal (el ayuntamiento), mediante la elección individual de síndico(s) y regidores, partiendo en circunscripciones el municipio, sobre bases geográficas y poblacionales.

Una vez electos, la representación política se regeneraría y fortalecería con procedimientos democráticos que se asimilen parcialmente a la participación ciudadana, como la creación o, si la hay, el refuerzo de medios de comunicación entre representante y representados; el refuerzo de la autonomía funcional de los distintos subsistemas que integran la compleja democracia contemporánea.

Partidos y representantes aumentarían su capacidad de conocimiento racional y de respuesta política, sin transformarse internamente, con lo medios adecuados de comunicación. Con una autonomía funcional se generarían diversos circuitos institucionales en el municipio como un mecanismo de intercomunicación pluralista y horizontal: operaría un efecto relativo de descarga sobre el circuito representativo estatal o nacional.

IX. FUENTES DE INFORMACIÓN

Abellán, P. (2013). Representación política y democracia. Aportaciones desde la Teoría de la Representación en los últimos diez años. *Revista Española de Ciencia Política. 0*(33), 133-147.

Aláez, B., Álvarez, E., Biglino, M., Bustos, R., Freixes, T., Montilla, J. y Tajadura, J. (2014). Encuesta sobre la representación política. *Teoría y Realidad Constitucional, 0*(34), 15-96.

Aragón, M. (2007). Derecho de sufragio: principio y función. En D. Nohlen *et al.* (comps.), *Tratado de derecho electoral comparado de América Latina.* (2a. ed., 162-177). Fondo de Cultura Económica

Aragón, M. (2007). Derecho electoral: sufragio activo y pasivo. En D. Nohlen *et al.* (comps.), *Tratado de derecho electoral comparado de América Latina.* (2a. ed., 178-197). Fondo de Cultura Económica.

Armendáriz, J. (2011). El derecho al sufragio pasivo en la legislación electoral mexicana. *Quid Iuris, 6*(15), 75-87.

Blanco, R. (2015). La caída de los dioses: de los problemas de los partidos a los partidos como problema. *Teoría y Realidad Constitucional, 0*(35), 149-182. doi:https://doi.org/10.5944/trc.35.2015.14916

Burke, E. (1887). *The Works of the Right Honourable Edmund Burke,* J. C. Nimmo (ed.). Vol. 02 (of 12). Edición de Kindle.

Camargo, I. (2000). *La Vigencia del Mandato Imperativo en la Representación Política Mexicana.* (Tesis de Maestría). Instituto de Investigaciones Dr. José María Luis Mora. Ciudad de México, México.

Canto, R. (2017).Participación ciudadana, pluralismo y democracia. *Tla-melaua, 10*(41), 54-75, http://www.scielo.org.mx/scielo.php?script=sci_arttext&pid=S1870-69162017000100054.

Carré de Malberg, R. (1998). *Teoría del Estado.* Fondo de Cultura Económica.

Central Electoral (6 de noviembre de 2019). Advierten consejeras y consejeros del INE debilitamiento de la democracia con la propuesta de reforma al régimen constitucional de partidos políticos. *Instituto Nacional Electoral.* https://centralelectoral.ine.mx/2019/11/06/advierten-consejeras-consejeros-del-ine-debilitamiento-la-democracia-la-propuesta-reforma-al-regimen-constitucional-partidos-politicos/.

Coca, J. y López, G. (2016). Reflexiones sobre pluralismo político y educación intercultural en las sociedades democráticas contemporáneas. *Aposta. Revista de Ciencias Sociales, 0*(70), 132-154, http://www.apostadigital.com/revistav3/hemeroteca/jcoca2.pdf.

Constitución Política de los Estados Unidos Mexicanos (2020). *Diario Oficial* de 5 de febrero de 2017; última reforma del 6 de marzo de 2020.

Cordón, J. (2018). Democracia, pluralismo político y partidos políticos. *Revista de la Facultad de Derecho de México, 68* (270), 151-174. doi:http://dx.doi.org/10.22201/fder.24488933e.2018.270.63653.

Corporación Latinobarómetro. (2019). *Latinobarómetro 2018.* Corporación Latinobarómetro. Recuperado de: http://www.latinobarometro.org/lat.jsp.

Falcón, M. (2009). *Estudios de filosofía jurídica y política.* UNAM-Instituto de Investigaciones Jurídicas.

Figueroa, R. y González, M. (2018). Introducción. En R. Figueroa y M. González (coords.). *Desafíos para la calidad de la democracia y las políticas públicas para el fortalecimiento de la gobernabilidad en México.* (11-32). Universidad Autónoma Metropolitana-Juan Pablos Editor.

García, V. (2011). ¿Crisis de legitimidad en la representación política? Consideraciones sociológicas para una nueva forma de democracia. *Décimo segundo certamen de ensayo político de la Comisión Estatal Electoral de Nuevo León.* 89-106. https://www.ceenl.mx/educacion/certamen_ensayo/doceavo/4MH.%20¿Crisis%20de%20legitimidad%20en%20la%20representación%20pol%C3%ADtica.pdf.

Gargarella, R. (2002). *Crisis de la representación política.* Fontamara.

González, A. (2009). Alcance y límites del deber de obediencia al gobierno según Hume. *Tópicos, 0*(37), 77-116. http://www.scielo.org.mx/scielo.php?script=sci_arttext&pid=S0188-66492009000200004&lng=es&tlng=es.

IDEA Internacional (2019). *El estado de la democracia en el mundo y en las Américas 2019. Confrontar los Desafíos, Revivir la Promesa.* https://www.idea.int/sites/default/files/publications/el-estado-de-la-democracia-en-el-mundo-y-en-las-americas-2019.pdf.

Joignant, A. (2013). La democracia y el dinero: Vicios privados, fallas públicas y evoluciones institucionales de los sistemas regulatorios de financiamiento político en 18 países latinoamericanos. *Política y gobierno, 20*(1), 159-196. http://www.scielo.org.mx/scielo.php?script=sci_arttext&pid=S1665-20372013000100006&lng=es&tlng=es.

Kelsen, H. (1934). *Esencia y valor de la democracia.* Labor.

Lagos, M. (2018). *El fin de la tercera ola de democracias.* http://www.latinobarometro.org/latdocs/Annus_Horribilis.pdf.

Laporta, F. (2000). El cansancio de la democracia. *Claves de la Razón Práctica*, *0*(99), 20-25. https://dialnet.unirioja.es/servlet/articulo?codigo=151521.

Marcone, J. (2009). Las razones de la desobediencia civil en las sociedades democráticas. *Andamios*, 5(10), 39-69. http://www.scielo.org.mx/scielo.php?script=sci_arttext&pid=S1870-00632009000100003&lng=es&tlng=es.

Martín, M. (2010). La prohibición del mandato imperativo en el sistema electoral español. *Justicia Electoral*, *1*(6), 223-238.

Martínez-Cousinou, G. y Staffan, A. (2009). El control institucional de la corrupción: un marco analítico para su estudio. *Reforma y Democracia*, *0*(43), 103-126.

Martínez, V. (2009). Partidos políticos: un ejercicio de clasificación teórica. *Perfiles latinoamericanos*, *17*(33), 39-63. http://www.scielo.org.mx/scielo.php?script=sci_arttext&pid=S0188-76532009000100002&lng=es&tlng=es.

Martínez, V. (2012). Partidos políticos y sociedad civil: Paradojas y reveses democráticos. *Andamios*, *9*(18), 235-262. http://www.scielo.org.mx/scielo.php?script=sci_arttext&pid=S1870-00632012000100011&lng=es&tlng=es.

Nava, E. (1998). Mandato parlamentario y subordinación imperativa. *Estudios Políticos*, *4*(18), 85-111.

Nohlen, D. *et al.* (comps.). (2007). *Tratado de derecho electoral comparado de América Latina*. (2a. ed.). Fondo de Cultura Económica.

Pérez, M. (2017). Tres enfoques del pluralismo para la política del siglo XXI. *Ideas y Valores*, *66*(163), 177-202 http://dx.doi.org/10.15446/ideasyvalores.v66n163.48358.

Peschard, J. (2018). La corrupción en las campañas políticas en México. *Revista latinoamericana de investigación crítica*, *V*(8), 135-156.

Pitkin, H. (1985). *El concepto de representación*. R. Montoro Romero (trad.). Centro de Estudios Constitucionales.

Presno, M. (abril de 1999). La prohibición de mandato imperativo como una garantía al servicio de la representatividad democrática. En *XII Congreso de la Asociación Española de Derecho Constitucional*, en Alicante.

Rodríguez, V. (2013). El protagonismo de los partidos en el sistema político. Algunas reflexiones y propuestas. *Revista General de Derecho Procesal*, 0(29), s.p., https://www.iustel.com/v2/revistas/detalle_revista.asp?id_noticia=413009&d=1.

Romero, R. (2009). Sobre la crisis de legitimidad del sistema político mexicano: notas para un nuevo acuerdo. *Andamios*, *6*(11), 369-

373. http://www.scielo.org.mx/scielo.php?script=sci_arttext&pid=S1870-00632009000200017&lng=es&tlng=es.

Romero, V., Parás, P., Pizzolitto, G. y Zeichmeister, E. (2018). *Cultura política de la democracia en México y en las Américas, 2016/17: Un estudio comparado sobre democracia y gobernabilidad.* LAPOP-USAID.

Rostro, J. (2009). El fenómeno del Transfuguismo Político en el Sistema Parlamentario Español y el Derecho Comparado. *Apuntes legislativos, 5*(32), 3-76.

Rúa, C. (2013). La legitimidad en el ejercicio del poder político en el estado social de derecho: una revisión desde el caso colombiano. *Ius et Praxis, 19*(2), 85-122. https://dx.doi.org/10.4067/S0718-00122013000200004.

Rubio, L. y Jaime, E. (2008), *El acertijo de la legitimidad. Por una democracia eficaz en un entorno de legalidad y desarrollo.* Fondo de Cultura Económica-CIDAC.

Sánchez, J. (2014). *Selección de candidatos en los partidos políticos. Comparativo de mecanismos y órganos de justicia interna.* TEPJF.

Serra, G. (2016). *Clientelismo y corrupción electoral en México: Persistencia a pesar de los avances legislativos.* CIDE. http://repositorio-digital.cide.edu/bitstream/handle/11651/1371/153140.pdf?sequence=1&isAllowed=y.

Sidicaro, R. (2008). La pérdida de legitimidad de los partidos políticos argentinos. *Temas y debates. 0*(16), 29-47, doi:https://doi.org/10.35305/tyd.v0i16.71.

Torres del Moral, A. (2011). Réquiem por el mandato representativo. *Revista de Derecho Político, 0*(81), 11-60. http://revistas.uned.es/index.php/derechopolitico/article/view/9149/8742.

Valadés, D. (2002). La no aplicación de las normas y el Estado de derecho. *Boletín Mexicano de Derecho Comparado,* 1(103), 219-291. http://dx.doi.org/10.22201/iij.24484873e.2002.103.3708.

Villoria, M. (2006). ¿Por qué desconfiamos de los políticos? Una teoría sobre la corrupción de la política. *Reforma y Democracia,* 0(34), pp. 1-21.

Trascendencia de la práctica parlamentaria en los poderes legislativos

Significance of Parliamentary Practice in the Legislative Branches

MIGUEL ÁNGELES HERNÁNDEZ[42]

SUMARIO: I. INTRODUCCIÓN. II. DERECHO PARLAMENTARIO Y TEORÍA DE LA LEGISLACIÓN. III. FUENTES DEL DERECHO PARLAMENTARIO. IV. PRÁCTICA PARLAMENTARIA. V. NATURALEZA DE LA PRÁCTICA PARLAMENTARIA. VI. JUSTIFICACIÓN DE LA PRÁCTICA PARLAMENTARIA. VII. FINALIDAD DE LA PRÁCTICA PARLAMENTARIA. VIII. LÍMITES DE LA PRÁCTICA PARLAMENTARIA. IX. CONSIDERACIONES FINALES. X. FUENTES DE INFORMACIÓN.

I. INTRODUCCIÓN

Partiremos de la conceptualización del Derecho Parlamentario, como la disciplina jurídica dentro de la cual se circunscribe el objeto de estudio que nos atañe, como lo es la Práctica Parlamentaria, considerada como una fuente del Derecho Parlamentario.

---

[42] Doctor en Derecho en la línea de investigación de Derecho Constitucional y Estado de Derecho por la Universidad Autónoma de Nayarit, Maestro en Derecho por la Universidad Michoacana de San Nicolás de Hidalgo (UMSNH), actualmente es Profesor e Investigador en la UMSNH.

Asimismo, una vez definida la Práctica Parlamentaria, se procede al análisis de su naturaleza, detallando las características esenciales que la integran y la hacen diferente a los usos y costumbres, para posteriormente estar en condiciones de establecer la justificación de su existencia como una fuente de Derecho al interior de los Congresos o Parlamentos, que permita subsanar las lagunas, impactos normativos, oscuridades o ambigüedades contenidas en los ordenamientos jurídicos que regulan las atribuciones o facultades de los poderes legislativos.

Por último, puntualizamos los límites mínimos a los que debe sujetarse la Practica Parlamentaria.

II. DERECHO PARLAMENTARIO Y TEORÍA DE LA LEGISLACIÓN

Para poder contextualizar el tema que pretendemos exponer, es necesario recordar que se entiende por Derecho Parlamentario, con la finalidad de circunscribir materialmente nuestro campo de estudio, el cual se hará a la luz de la Teoría de la Legislación, misma que nos permitirá puntualizar las distintas fuentes de esta rama del derecho, para estar en condiciones de dar respuestas a las interrogantes que giran en torno a la práctica parlamentaria, relacionadas a ¿qué es?, ¿dónde se ubica?, ¿qué naturaleza posee?, ¿por qué se justifica?, ¿cuál es su finalidad?, ¿cuáles son sus límites?, todo ello nos permitirá poner de manifiesto porque consideramos que la práctica parlamentaria tiene trascendencia en los poderes legislativos.

Para Fernando Santaolalla, el Derecho Parlamentario es el "conjunto de normas que regulan la organización y funcionamiento de las *Cámaras*[43] parlamentarias" (Pedroza de la LLave,

---

43 Dice el propio Fernando Santaolalla, que deben ser "entendidas como órganos que asumen la representación popular en un Estado

2012, pág. 172), como se aprecia este derecho se circunscribe a la institución en la que se deposita el Poder Legislativo, es por ello que la denominación que se dé a la misma en los diferentes sistemas constitucionales como puede ser Parlamento, Congresos o Asamblea es un aspecto accesorio, que no impacta para que se siga estando a la luz de esta disciplina del derecho, lo anterior afirmado por Fernando Santaolalla (Pedroza de la LLave, 2012, pág. 172).

Piedad García-Escudero (2013), considera que el "Derecho parlamentario se refiere a la actividad que desarrolla el Parlamento como órgano político, en especial a su función deliberante, con una especial conexión con el Estado de Derecho" (p.86). Esta definición resalta dos puntos que deben ser considerados adicionalmente a la regulación orgánica y procedimental de los parlamentos o congresos, como son la función deliberante y el Estado de Derecho, cuestiones que deben estar vinculadas necesariamente entre sí, ya que resulta fundamental para establecer parámetros que puedan evitar que el desenvolvimiento de este poder eminentemente político, vulnere el Estado de Derecho.

Gracias a los estudios que se han realizado en los distintos tópicos del Derecho Parlamentario, se ha dado paso a la conformación y consolidación de la llamada Teoría de la Legislación, entendida como aquella que "tiene como objeto de estudio el amplio ámbito que abarca desde el momento de asumir la decisión política y hasta el instante en el que ésta se concretiza mediante su incorporación e impacto al ordenamiento jurídico en forma de ley" (Mora Donatto & Cecilia, 2015, págs. 39-40). Así pues, dicha teoría estudia "no sólo a la forma de producir, modificar o suprimir una norma con rango de ley o un conjunto normativo que se sustentan en la

---

constitucional y democrático de derecho y el ejercicio de sus funciones supremas" (Santaolalla, 2012, pág.172).

decisión política, sino también las leyes vigentes" (Mora Donatto & Cecilia, 2015, págs. 39-40).

Aunado a lo anterior, Atienza Manuel, señala que el objetivo de la Teoría en cita no es "sólo describir, sino también explicar y proponer procedimientos que supongan un incremento de racionalidad con respecto a la práctica legislativa existente" (Miguel & Pedroza de la Llave, 2000, pág. 35). Como se observa, para Atienza la racionalidad es un requisito esencial que debe utilizarse en el quehacer legislativo, tanto por los legisladores –en cuanto representantes populares–, como por los técnicos parlamentarios.

Uno de los retos que enfrentan los poderes legislativos, es que debe ampliarse el ámbito del Derecho Parlamentario, uno de los rubros se refiere a "las fuentes, que no se circunscriben ya a la Constitución y los reglamentos de las Cámaras, fuentes básicas y fundamentales, pero no únicas, pues deben ser objeto de estudio también (...), los usos y prácticas parlamentarias..." (Pedroza de la Llave, 2012, pág. 35). Por ende, queremos aportar algunas ideas relativas a la práctica parlamentaria.

La Teoría de la Legislación, nos permite tener un extenso espectro para la investigación, motivo por el cual partiremos desde su enfoque, con la intención de poder adentrarnos en el estudio de la llamada práctica parlamentaria como fuente del Derecho parlamentario.

III. FUENTES DEL DERECHO PARLAMENTARIO

La necesidad de establecer cuáles son las fuentes del derecho parlamentario, es con la intención de estar en condiciones de ubicar a la práctica parlamentaria dentro del mismo.

Así pues, las fuentes del derecho siempre han revestido gran interés para los estudiosos del derecho, pero además existen distintas clasificaciones, atendiendo a los enfoques epistemológicos, algunas de las perspectivas clásicas "dividen las fuentes del derecho en fuentes formales *vs.* fuentes materiales, fuentes legales *vs.* fuentes *extra ordinem*, fuentes de conocimiento *vs.* fuentes normativas" (Pérez Carrillo, 2010, pág. 3010).

En el caso mexicano, uno de los autores clásicos de la Filosofía del Derecho, como lo es García Máynez, dice que "las fuentes del derecho se clasifican en fuentes formales; fuentes materiales o reales, y las fuentes históricas" (Pérez Carrillo, 2010, pág. 173). Debemos tener en cuenta que esta clasificación, contempla dentro de las llamadas fuentes formales "a los procesos de creación y manifestación de las normas jurídicas, como son la legislación, la jurisprudencia y la costumbre" (Pérez Carrillo, 2010, pág. 173).

La práctica parlamentaria se encuadra dentro de este tipo de fuentes, por su aspecto consuetudinario –que explicamos líneas abajo–.

Para Marrafon y Robl Filho (2015);

> Más allá de la clasificación tradicional entre fuentes formales y materiales, la teoría del derecho contemporánea clasifica la producción del derecho en: 1) fuentes fuertemente vinculantes, frágilmente vinculantes y fuentes permitidas, y 2) fuentes dotadas de autoridad y aquellas que no son estrictamente autorizantes (p.110).

Debemos indicar que "las costumbres se constituyen en fuente fuertemente vinculante y no estrictamente autorizante" (Marrafon & Robl Filho, 2015, pág. 110).

En la perspectiva de la clasificación anterior destaca el carácter vinculante que se atribuye a las costumbres a pesar de no ser dotada de autoridad, esto puede explicarse, porque el derecho como norma tiene un destinatario, que en este caso es el mismo que se impone el precepto contenido en la costumbre –parlamentarios o legisladores–.

Una clasificación más, utiliza los criterios de "*acto* y de *hecho jurídicos* como supuestos de hecho generadores ambos de normas jurídicas" (Marrafon & Robl Filho, 2015, pág. 310). En este enfoque, existen "las fuentes-acto (legislación), (...) en las fuentes-hecho (costumbre), (...) las normas de origen judicial (jurisprudencia y precedentes) y (...) los principios generales del Derecho (el Derecho implícito)" (Aguiló Regla, 2015, pág. 1021).

En cualquiera de las clasificaciones antes indicadas, quedó de manifiesto que, en las fuentes del derecho, comprenden a la costumbre, en consecuencia, la costumbre será la primera coordenada que nos guiará para conocer el lugar que ocupará la práctica parlamentaria dentro del mapa de las fuentes del Derecho Parlamentario.

Para Marrafón y Robl Filho, las costumbres jurídicas como fuentes del derecho "contribuyen a la legitimidad del derecho porque no están disociadas de la cultura" (Aguiló Regla, 2015, pág. 123). Esto es que "los modos de ser de determinado grupo, tanto de un sector de la sociedad como de la comunidad, condicionan las acciones de sus miembros, en tanto que la cultura está compuesta por una serie de tradiciones y costumbres" (Aguiló Regla, 2015, pág. 123). La costumbre es fundamental en la conformación del derecho, al ser un reflejo de la manera en que actúa un grupo social, la cual puede transformarse en un producto del proceso legislativo.

La costumbre es un concepto que implica una unidad "–entendida como una categoría a priori de la capacidad cognitiva–, ya que se conforma a partir de varios usos" (Aguiló Regla, 2015, pág. 204). Es decir, toda costumbre se integra de usos, pero no todos los usos se convierten en costumbre, ya que el uso "está ligado a cuestiones temporales o de grupo" (Aguiló Regla, 2015, pág. 205). El uso implica una manera de actuar transitoria, en tanto que la costumbre tiende a una permanencia, el uso si bien es adoptado por un grupo, no se refiere a un segmento social, sino a unos cuantos sujetos dispersos que no representan por sí a un determinado sector de la sociedad.

Por lo anterior, podemos afirmar que los usos se convierten en costumbres, cuando adquieren permanencia en un sector social.

A decir de Pedroza de la Llave, en México las fuentes formales del Derecho Parlamentario son:

> La Constitución; los tratados internacionales; las leyes; los reglamentos; los estatutos; los acuerdos parlamentarios y los puntos de acuerdo; la costumbre, la práctica o el hábito parlamentario; la jurisprudencia relativa a la institución representativa mexicana, así como la doctrina, siempre y cuando la disposición legislativa la hubiera tomado en consideración. (Aguiló Regla, 2015, pág. 174)

En este punto, estamos en condiciones de ubicar puntualmente a la práctica parlamentaria como una fuente formal del Derecho Parlamentario.

IV. PRÁCTICA PARLAMENTARIA

Es importante definir que es la práctica parlamentaria, como fuentes del Derecho, Parlamentario, al respecto Suarez Licona, nos da una aproximación muy sencilla de lo que es la práctica parlamentaria, al señalar que “es un concepto compuesto de dos palabras, la primera entendida como el uso continuo o constante, y la segunda refiere lo atribuible, perteneciente o relativo al parlamento” (López Flores, Raúl, & otros, Estrategia y Práctica Parlamentaria en un Congreso Plural, 2011, pág. 494). Esta definición, denota que una actividad reiterada al seno de los parlamentos o congresos, es considerada práctica parlamentaria, lo cual resulta muy genérico, extenso y ambiguo.

Para Magaña Mata, las prácticas parlamentarias "son definidas como aquellos usos y costumbres en que se sustentan los procedimientos y formalidades aplicables al régimen interno de las actividades político-legislativas del Congreso y, por ende, constituyen una fuente del derecho parlamentario o legislativo" (López Flores, Raúl, & otros, Estrategia y Práctica Parlamentaria en un Congreso Plural, 2011, pág. 284). Esta definición, nos indica que no todo uso o costumbre realizada en los parlamentos se considera práctica parlamentaria, ya que la misma deberá estar relacionada sólo con el desempeño de sus funciones político-legislativas.

Por su parte Pedroza de la Llave, distingue entre costumbre, uso y práctica, al indicar que la "costumbre se conforma a partir de varios usos (…) que adquieren el carácter de obligatorio aún sin estar puntualmente referidas en la ley" (López Flores, Raúl, & otros, Estrategia y Práctica Parlamentaria en un Congreso Plural, 2011, págs. 204-205), el uso "se trata de alguna actividad que caracteriza a ciertos individuos por pertenecer a un partido o por el momento histórico en el que se desarrolla el trabajo" (López Flores, Raúl, & otros, Estrategia y Práctica Parlamentaria en un Congreso Plural, 2011, pág. 205), en tanto la práctica "está relacionada con actividades reiteradas, pero que se caracterizan, sobre todo, por el grado de desarrollo de habilidades, en este caso, de las responsabilidades de los(as) representantes populares" (López Flores, Raúl, & otros, Estrategia y Práctica Parlamentaria en un Congreso Plural, 2011, pág. 205).

Como puede observarse, existe una línea muy fina que separa a la costumbre, uso y práctica parlamentaria entre sí por lo cual la práctica parlamentaria, no debe ser confundida con la costumbre o el uso, como fuentes del derecho, a pesar de que las tres figuras tienen una estrecha relación entre sí, en razón de que en todas se habla de una conducta reiterada, pero la distinción sustancial es la cantidad de sujetos que la realizan, así como la temporalidad de las mismas. Podemos indicar que el uso da origen a la práctica y ésta a la costumbre.

Francisco Arroyo Vieyra, ejemplifica que la aplicación reiterada de las prácticas parlamentarias en el trabajo legislativo de los senadores, motivó que fueran sistematizadas y elevadas de rango, para integrase en el Reglamento del Senado de la República en el año 2010 (López Flores, Raúl, & otros, Estrategia y Práctica Parlamentaria en un Congreso Plural, 2011, pág. 318).

V. NATURALEZA DE LA PRÁCTICA PARLAMENTARIA

Una vez que establecimos que se entiende por práctica parlamentaria, es pertinente describir la naturaleza que posee, en este sentido, hablaremos principalmente de seis características esenciales que ostenta.

Iniciaremos señalando que tiene una dimensión sociológica, porque ningún parlamento puede ignorar las relaciones que se dan entre los diferentes actores que intervienen en el desarrollo de las actividades inherentes al desarrollo de la función legislativa, como son “los partidos políticos (...) los diversos órganos del Estado o la situación que mantiene los numerosos grupos que actúan dentro de la sociedad civil” (López Flores, Raúl, & otros, Estrategia y Práctica Parlamentaria en un Congreso Plural, 2011, pág. 71).

Al estar en un ámbito sociológico, la práctica parlamentaria es un “Derecho espontáneo (no deliberado)” (López Flores, Raúl, & otros, Estrategia y Práctica Parlamentaria en un Congreso Plural, 2011, pág. 1047), en el sentido de que no existe un proceso formal por medio del cual se configure; simple y llanamente surge por una necesidad de atender cuestiones que no están reguladas en ese momento por una norma escrita.

El precepto normativo contenido en la práctica parlamentaria al ser espontaneo, se configura como un derecho no escrito o no prescrito, a causa de su origen espontáneo, lo cual no obsta para que, con el paso del tiempo, pueda convertirse en derecho escrito y formar parte de acuerdos, reglamentos o leyes, en tanto no ocurra eso, se dice que la práctica parlamentaria es de carácter informal.

Posee además una naturaleza de relatividad, ya que las mismas no pueden ser absolutas, es decir que se vinculan directamente con el Parlamento o Congreso que les da origen y con las circunstancias por las que surgieron, es por ello que otra característica esencial que le atribuimos a la práctica parlamentaria es ser "consecuencia de coyunturas de orden político, de cambios estructurales en la composición del Congreso y en la naturaleza de nuestro régimen político" (López Flores, Raúl, & otros, Estrategia y Práctica Parlamentaria en un Congreso Plural, 2011, pág. 500).

Sin embargo, no por ser producto de algo coyuntural, no significa que lo regulado por las mismas sea cuestión menor o intrascendente, al contrario, es posible que de la práctica parlamentaria se logre un perfeccionamiento de los mecanismos parlamentarios contenidos en las diversas normas jurídicas escritas, que pueden ir desde un acuerdo parlamentario, hasta una norma constitucional.

Concretamente la naturaleza de la práctica parlamentaria se describe de manera clara y precisa al indicar que es de índole sociológica, espontánea, no escrita, informal, relativa y coyuntural.

VI. JUSTIFICACIÓN DE LA PRÁCTICA PARLAMENTARIA

Compartimos la idea de que la "práctica parlamentaria surgió con el Congreso mismo, ya que no es posible suponer que un reglamento contenga todas las respuestas a los problemas de funcionamiento que cotidianamente enfrenta un Parlamento" (López Flores, Raúl, & otros, Estrategia y Práctica Parlamentaria en un Congreso Plural, 2011, pág. 493), es imposible construir un ordenamiento jurídico absoluto y perfecto, al contrario todo ordenamiento es perfectible.

Mora Donatto, advierte atinadamente "que no siempre para la solución de un problema se requiere de un texto legal" (López Flores, Raúl, & otros, Estrategia y Práctica Parlamentaria en un Congreso Plural, 2011, pág. 41), bajo este supuesto, es que la práctica parlamentaria, se vuelve un componente útil e indispensable en la construcción y aplicación del Derecho Parlamentario.

Afirmamos que es necesaria la existencia de la práctica parlamentaria, al ser inmanente a las diversas actividades realizadas en cualquiera de las funciones parlamentarias de los poderes legislativos –no reguladas formalmente–.

En su momento, "los teóricos del Estado moderno, en el entendimiento de que la unidad política no era alcanzable al margen de la unidad jurídica, concibieron para la costumbre un papel enteramente secundario y asignaron la primacía al derecho de fuente estatal" (Andaluz, 2010, págs. 39-40). Sin embargo, al considerar a la práctica parlamentaria como un elemento consuetudinario, no pensamos que ocupe un papel secundario, al contrario juega un papel primordial en el ejerció de las atribuciones constitucionales de los poderes legislativos, porque tiene el rango de una fuente formal del derecho –aunque no reviste la misma formalidad que la ley–, por ello a pesar de ser un derecho no escrito, es igual de valioso y útil para subsanar lagunas, impactos normativos, oscuridades o ambigüedades contenidas en la legislación correspondiente a las atribuciones o facultades de los parlamentos o congresos.

El hecho de que "el Poder Legislativo es una institución que refleja la realidad política, económica y social por la cual atraviesa el país" (Andaluz, 2010, pág. 290), lo convierte en un "poder que cambia y evoluciona rápidamente, por lo que necesita reglas los suficientemente flexibles, para hacer posible su trabajo" (Andaluz, 2010, pág. 290).

La naturaleza dinámica de los poderes legislativos, exige una flexibilidad normativa, cuestión complicada de materializar en los ordenamientos orgánicos y procedimentales de los mismos.

Sin embargo, la práctica parlamentaria es el instrumento ideal para poder regular las situaciones no previstas formalmente del quehacer parlamentario, al sistema parlamentario respectivo.

Otra cuestión, que sustenta la existencia de la práctica parlamentaria, es que "da respuesta a los legisladores, respecto de las constantes dudas sobre la aplicabilidad de procedimientos internos que se presentan en el desarrollo de sus funciones constitucionales" (Andaluz, 2010, pág. 494). Situación que ocurre frecuentemente, dando lugar a que dicha práctica adoptada se pueda convertir en un "precedente para la conformación de acuerdos" (Andaluz, 2010, pág. 496), los cuales, pueden "evitar la ingobernabilidad o la parálisis gubernamental…" (Andaluz, 2010, pág. 291), situación no menor en la vida democrática de cualquier Estado.

VII. FINALIDAD DE LA PRÁCTICA PARLAMENTARIA

En el apartado anterior, quedó de manifiesto la justificación de la práctica parlamentaria. Sin embargo, toda figura jurídica debe cumplir con determinados fines, que son a su vez la razón de su existencia, bajo esta óptica, las finalidades principales que pueden alcanzarse por medio de esta práctica, se enlistan a continuación:

a. Complementar la normatividad que impacta en las funciones parlamentarias; es imposible que el legislador contemple todos y cada uno de los supuestos habidos y por haber que tengan relación con el actuar de los poderes legislativos.

b. Dar cauce a cuestiones excepcionales que surjan; es bien sabido, que hay situaciones que atienden a circunstancias atípicas, que salen de la normalidad, por ende, ante la imposibilidad de preverlas, la práctica debe aportar una solución.

c. Mantener la funcionalidad sistémica de los poderes legislativos; al aceptar la existencia de un sistema jurídico, que rige sobre los congresos, se debe garantizar que funcione de la mejor manera, por ello la práctica parlamentaria permite encuadrar al mismo las situaciones que surgen y no están reguladas formalmente.

d. Perfeccionar y actualizar al Derecho Parlamentario, aminorando la obsolescencia del mismo; de este modo el Derecho puede evolucionar, tomando en consideración las prácticas que van acogiéndose por los diversos actores del ámbito parlamentario.

e. Coadyuvar en la construcción de consensos parlamentarios; una de las prácticas que sirve claramente de ejemplo es el llamado cabildeo –el cual merece un estudio propio–.

f. Permitir el desarrollo de estudios jurídicos; en efecto ya sea la práctica parlamentaria como fuente del derecho, o bien, como una manera específica de actuar, es motivo de potenciales investigaciones, no sólo de carácter jurídico, sino sociológico, filosófico, ético, económico, histórico, entre otros.

VIII. LÍMITES DE LA PRÁCTICA PARLAMENTARIA

A pesar de que la práctica parlamentaria reviste la característica de ser un derecho espontáneo, como se explicó anteriormente, no implica que deban ser ocurrencias sin sentido, motivo o razón, para evitar que las mismas puedan "desnaturalizar las disposiciones de los estatutos jurídicos" (Andaluz, 2010, pág. 40).

Debido a la trascendencia que reviste la práctica parlamentaria en los poderes legislativos, es pertinente que se establezcan límites que sirvan de directrices, tanto para su conformación, como para su aplicación:

a. El primero de ellos se circunscribirse al principio de racionalidad, desprendido de la teoría de Manuel Atienza, porque al atender a este principio, sirve para que el contenido de la práctica parlamentaria complemente de mejor manera el quehacer legislativo. Evitando así que el sistema adopte prácticas sin sentido o incoherentes.

b. De lo anterior se desprende el segundo de los límites, la sistematización, es decir, la práctica parlamentaria no será un aspecto aislado o independiente, al contrario, es una de las partes integrantes del sistema que integra el Derecho Parlamentario y, por ende, del sistema jurídico al que pertenezca el poder legislativo en cuestión.

c. El tercero de los límites, es que las prácticas parlamentarias "sólo se utilicen para enfrentar situaciones especiales que no puedan ser previstas en la ley con anterioridad o que respondan a alguna necesidad inmediata" (Andaluz, 2010, pág. 291). De esta manera se protege la parte escrita del Derecho Parlamentario, ya que de lo contrario se utilizaría de manera indiscriminada y, en algunos casos, indebidamente la práctica parlamentaria al interior de los parlamentos o congresos.

d. Un cuarto límite es logar una congruencia con la constitución y ordenamientos jurídicos parlamentarios –leyes, reglamentos o acuerdos–, para no crear una práctica con un sentido contrario a los mismos, sino más bien sólo complementarlos.

e. El quinto y último límite que vislumbramos, es la necesidad de establecer "ciertas reglas que previamente hayan acordado los distintos parlamentarios" (Andaluz, 2010, pág. 291). Si bien es cierto, que una de las características esenciales de la práctica parlamentaria es como derecho no escrito, esto no obsta para que los fines y límites que aquí hemos enunciado, sean inscritos en un documento –acuerdo, reglamento o ley de índole parlamentaria–.

IX. CONSIDERACIONES FINALES

El Derecho Parlamentario está evolucionando y consolidándose a consecuencia de los estudios teóricos que a su alrededor se van confeccionando, siendo la Teoría de la Legislación uno de los tópicos que se ha visto fortalecido, permitiéndonos contar con elementos epistemológicos para abordar el tema sobre la trascendencia de la práctica parlamentaria en los poderes legislativos.

Al tomar en consideración el elemento de racionalidad que exige la Teoría de la Legislación, tuvimos mejores condiciones para la reflexión, en torno a una variedad de aspectos de la práctica parlamentaria, de los cuales deseamos destacar su naturaleza, justificación, fines y límites.

La práctica parlamentaria no debe ser confundida con los usos o costumbres dentro de los poderes legislativos, a pesar de que las tres tiene como elemento común una conducta reiterada, la distinción entre las misma, radica en la cantidad de sujetos que la realizan, así como la temporalidad de las mismas.

La naturaleza que atribuimos a la práctica parlamentaria, dejó al descubierto los elementos esenciales que la constituyen –índole sociológica, espontánea, no escrita, informal, relativa y coyuntural–, podemos inferir que posee una cualidad ambivalente, en el sentido de que la misma se vuelve necesaria y contingente a los poderes legislativos. Necesaria en cuanto que no se puede concebir a un poder legislativo sin la presencia de la práctica parlamentaria y, contingente, porque las distintas prácticas parlamentarias surgen de manera coyuntural.

La funcionalidad del Derecho Parlamentario está vinculada íntimamente con la práctica parlamentaria, porque a partir de ella es posible conciliar los aspectos políticos con los jurídicos en el ejercicio de las funciones de los legisladores y técnicos parlamentarios.

Para garantizar que la práctica parlamentaria logre los fines por los cuales existe y logre ser una fuente formal del derecho parlamentario que trascienda en los poderes legislativos, requiere de límites bien definidos, para evitar contrasentidos entre ella y el sistema jurídico en el que se da.

Es por ello, que cuándo menos se deben tener presentes la racionalidad, la sistematización, una situación especial que la amerite –relevante–, complementariedad de los ordenamientos parlamentarios escritos –cualquiera que sea su jerarquía– y el establecimiento de reglas generales para su conformación y aplicación acordadas por los legisladores.

Finalmente, podemos afirmar que la práctica parlamentaria resulta trascendente a cualquier Parlamento o Congreso por ser indispensable a los mismos.

X. FUENTES DE INFORMACIÓN

Aguiló Regla, J. (2015). Fuentes del derecho, Capitulo 27. En J. L. Fabra Zamora, & Á. Nuñez Vaquero, *Filosofía y teoría del derecho* (págs. 1019-1066). México: UNAM. Recuperado de https://archivos.juridicas.unam.mx/www/bjv/libros/8/3796/7.pdf

Andaluz, H. (12 de enero de 2010). *Anuario*. Recuperado el 6 de junio de 2020, de Biblioteca Jurídica Virtual: https://revistas-colaboracion.juridicas.unam.mx/index.php/anuarioderecho-constitucional/article/view/3911/3438

Andrada Sánchez, F. J. (ANDREA SÁNCHEZ). *Un aspecto toral del proceso legislativo: los plazos de presentación de dictámenes de comisiones legislativas al pleno, en Argentina, Chile y Estados Unidos de América, como marco de referencia para una reforma del tema en México*. México: Scielo. Recuperado de http://www.scielo.org.mx/pdf/bmdc/v36n106/v36n106a1.pdf

Atienza, M. (2000). Teoría de la legislación. En Pedroza de la Llave, S.T. y Carbonell, Miguel (coords.). *Elementos de Técnica Legislativa,* (pp. 19-38). México. UNAM. Recuperado de: http://biblio.juridicas.unam.mx/libros/1/21/tc.pdf

Cervantes Gómez, J. C. (2012). *Derecho Parlamentario. Organización y Funcionamiento del Congreso.* México: Cámara de Diputados, LXI Legislatura. Recuperado de http://biblioteca.diputados.gob.mx/janium/bv/cedip/lxi/derpar_orgfun_conglxi.pdf

López Flores, Raúl, & otros. (2011). Estrategia y Práctica Parlamentaria en un Congreso Plural. En ARROYO VIEYRA, *Incorporación de la Práctica Parlamentaria al Reglamento del Senado de la República* (págs. 317-333). México: Instituto Belisario Domínguez. Recuperado de http://biblio.juridicas.unam.mx/libros/7/3181/17.pdf

Magaña Mata, J., Coaña Be, L. y Díaz Herrera, A. (2011). Los acuerdos y prácticas parlamentarias como instrumento de fortalecimiento del Poder Legislativo. En López Flores, Raúl, Rivas Prats, F., Hernández Cruz, A. y Sainez Araiza, A. (coords.). *Estrategia y Práctica Parlamentaria en un Congreso Plural,* (pp. 281-292). México: Senado de la República. Recuperado de http://biblio.juridicas.unam.mx/libros/7/3181/15.pdf

Marcilla Córdoba, G. (2000). Sobre la necesidad de una nueva ciencia de la legislación. En Pedroza de la Llave, S.T. y Carbonell, Miguel. *Elementos de Técnica Legislativa.* (pp. 93-115). México. UNAM. Recuperado de: http://biblio.juridicas.unam.mx/libros/1/21/tc.pdf

Marrafon, M. A., y Robl Filho, I. N. (2015). Las fuentes jurídicas y el estado democrático y social: La crisis y notas para su superación. *Cuestiones Constitucionales,* (33), 105-132. Recuperado de: https://www.redalyc.org/articulo.oa?id=88541589005

Mora-Donatto, Cecilia. (2015). *Constitución, Congreso, Legislación y Control, Coordenadas para legisladores en los tiempos modernos.* México: Cámara de Diputados, LXII Legislatura. Recuperado de: http://biblio.juridicas.unam.mx/libros/8/3976/9.pdf

Pedroza de la Llave, S. T. (1997). *El Congreso de la Unión. Integración y Regulación.* México: UNAM. Recuperado de http://biblio.juridicas.unam.mx/libros/1/142/5.pdf

Pedroza de la Llave, S. T. (2012). Las fuentes formales del derecho parlamentario y su normatividad constitucional en México. *Cuestiones constitucionales,* (26), 170-220. Recuperado de: http://www.scielo.org.mx/pdf/cconst/n26/n26a6.pdf

Pérez Carrillo, J. R. (2010). Causas de indeterminación en el sistema de fuentes del derecho. *Problema: Anuario de Filosofía y Teoría del Derecho,* (4), 303-321. Recuperado de https://www.redalyc.org/pdf/4219/421940002010.pdf

Sainez Araiza, A. (2011). Estrategia y Práctica Parlamentaria en un Congreso Plural. En López Flores, Raúl, Rivas Prats, F., Hernández Cruz, A. y Sainez Araiza, A. (coords.). *Estrategia y Práctica Parlamentaria en un Congreso Plural,* (pp. 335-368). México: Senado de la República. Recuperado de http://biblio.juridicas.unam.mx/libros/7/3181/18.pdf

Suárez Licona, E. (2011). Práctica Parlamentaria y Proceso Legislativo. En López Flores, Raúl, Rivas Prats, F., Hernández Cruz, A. y Sainez Araiza, A. (coords.). *Estrategia y Práctica Parlamentaria en un Congreso Plural,* (pp. 493-507). México: Senado de la República, Instituto Belisario Domínguez. Recuperado de http://biblio.juridicas.unam.mx/libros/7/3181/26.pdf

Valenzuela, B. (2006). *Derecho Parlamentario.* México: Fondo de Cultura Económica.